se não fosse a **solidão**,
não seria o **amor**

A gente mira no **amor** e acerta na **solidão**

ANA SUY

A gente mira no **amor** e acerta na **solidão**

PAIDÓS

PREPARAÇÃO: Marina Castro
REVISÃO: Fernanda França e Matheus de Sá
DIAGRAMAÇÃO E PROJETO GRÁFICO: Nine Editorial
CAPA E ILUSTRAÇÃO DE MIOLO (P. 118): Helena Hennemann | Foresti Design

DADOS INTERNACIONAIS DE CATALOGAÇÃO NA PUBLICAÇÃO (CIP)
ANGÉLICA ILACQUA CRB-8/7057

Suy, Ana
A gente mira no amor e acerta na solidão / Ana Suy. --
São Paulo : Planeta do Brasil, 2025.
176 p.

ISBN 978-85-422-3187-8 (Luxo)

1. Amor – Reflexões 2. Amor – Aspectos psicológicos I.Título

25-0485 CDD 158.1

Índice para catálogo sistemático:
1. Amor – Reflexões

2025
Todos os direitos desta edição reservados à
EDITORA PLANETA DO BRASIL LTDA.
Rua Bela Cintra, 986, 4º andar – Consolação
São Paulo – SP – 01415-002
www.planetadelivros.com.br
faleconosco@editoraplaneta.com.br

Para Gabriel e Milena Yumi, minhas grandes novidades no amor.

› PREFÁCIO À EDIÇÃO ESPECIAL

PRÉ-HISTÓRIA

Quando recebi o convite da Editora Planeta para escrever um livro, para o selo Paidós, perguntei a Felipe Brandão, quem me convidou: "Quantos exemplares vocês esperam que sejam vendidos?". E ele respondeu: "Se vendermos 7 mil livros ao longo de um ano, esse será um bom número e, provavelmente, a editora quererá publicar outro livro seu". Senti um frio na barriga ao ouvir esse número, uma vez que já tinha livros publicados e sabia da dificuldade de vender essa quantidade. No entanto, aceitei ainda assim, porque: 1) era uma baita oportunidade; 2) confiei na consistência da editora; e 3) tem um lugar em mim que me liga à escrita que sente que não há opção.

Eis que, no primeiro mês de sua publicação, mais de 7 mil livros foram vendidos.

UM LIVRO QUE É UM FILHO

Dizem que publicar um livro é mais ou menos como ter um filho. Antes de ser mãe, isso não me fazia sentido algum, mas, hoje, essa afirmação me parece bastante acertada. Assim como olhamos para um filho com certa infamiliaridade – "Não acredito que essa pessoa saiu de mim", dizemos, para o bem e para o mal –, um livro também tem vida própria. E a vida deste livro é muito bonita de acompanhar. O nome, por exemplo, é algo que recebemos de nossos pais, mas, com frequência, ganhamos um apelido durante a vida, e com ele nos reconhecemos de maneira mais acolhedora. Sabemos que o nome na "certidão de nascimento" (capa) é *A gente mira no amor e acerta na solidão*, mas o apelido se tornou "Amarelinho". Como começou? Ninguém sabe, mas foi assim que este livro carinhosamente se popularizou.

É um apelido interessante para mim, pois tem um poema de Leminski, de que gosto muito, que diz: "O amor é um elo – entre o azul e o amarelo". "Amar-elo" é uma palavra que é um prato cheio para psicanalistas e interessados pela literatura brincarem.

GRANDES FEITOS

Estamos nos aproximando do terceiro ano da publicação de *A gente mira no amor e acerta na solidão* e, desde a pré-venda dele, segue em todas as listas de mais vendidos, ininterruptamente. Mais de 200 mil livros físicos foram vendidos nesse tempo – sem contar as versões digital e audiolivro (aliás, eu mesma fiz a narração do Amarelinho. Foi uma espécie de reescrita do livro lê-lo todo, na entonação que eu escolhi). O Amarelinho foi publicado também em português de Portugal, onde se chama *Apontamos ao amor e acertamos na solidão*, e em quase toda a América Latina, com o nome *Buscamos el amor y nos topamos con la soledad*. Viajei para a Colômbia e para o México para fazer lançamentos. Em 2023, ele foi semifinalista do maior prêmio de literatura do Brasil, o Jabuti, na categoria Ciência. Com o sucesso deste livro, a Editora Planeta relançou novas edições dos meus três de crônicas poéticas publicados anteriormente: *Não pise no meu vazio* (que em 2024 também foi indicado ao Prêmio Jabuti, na categoria Crônicas), *As cabanas que o amor faz em nós* e *A corda que sai do útero*.

E EU?

A vida deste livro rapidamente mudou a minha, em especial porque alterou a minha relação com a escrita. Antes dele, eu tinha uma fantasia de que ninguém lia mesmo o que eu escrevia, ainda que já tivesse muitas dezenas de milhares de seguidores no Instagram e alguns poucos milhares de livros vendidos – além de centenas de textos e poemas publicados em diferentes redes sociais. Mas eu preservava essa fantasia, em meu interior, de que as pessoas não liam *mesmo* as coisas que eu escrevia. Depois da publicação do Amarelinho, no entanto, essa fantasia se desfez, porque muito rapidamente as pessoas começaram a escrever para mim coisas íntimas de suas vidas, que queriam compartilhar comigo por terem sido tocadas a partir de trechos muito específicos do livro. "Oi, Ana, na segunda linha da página 127 você escreveu *tal* e eu pensei que me aconteceu *tal*..." Um movimento deliciosamente assustador. No início, eu conseguia ler todas as mensagens, que vinham pelo Instagram e via e-mail. Hoje já não consigo ler tudo e muito menos responder, mas é espantoso e bonito o quão generosos são os leitores deste livro, que não poupam esforços para me fazer saber dos efeitos dele em suas vidas. Além disso, há também as tatuagens de gangorras que as pessoas fazem na pele; as fantasias de Carnaval do livro; a participação no programa *Saia justa*, no canal GNT, e em muitos podcasts para falar do livro; e, enfim, as tantas e tantas portas que seguem se abrindo para a minha escrita e fala através deste filho de papel que me alegra tanto.

É PRECISO SABER TERMINAR – OU SABER QUE NÃO SE SABE TERMINAR

Assim como no fim deste livro escrevi que era preciso saber terminá-lo (não vou considerar que estrague uma surpresa, pois imagino que se você tem esta edição especial provavelmente é porque já leu ele todo!), também vou precisar me submeter à castração (leia-se: assumir meus limites), pois corro o risco de, tal como uma mãe orgulhosa, me exceder aqui falando dos louros deste livro.

Então, para terminar, gostaria de dizer que me sinto de vestido de gala escrevendo este texto de apresentação, uma vez que esta edição especial trata-se de uma festa comemorativa em torno da vida tão produtiva deste livro, deste Amarelinho. Já li comentários negativos sobre ele, claro, porque sabemos que não há como e nem por que agradarmos a todos – mas também nunca soube de ninguém dizendo que ele fez mal a alguém. E, com frequência, ouço das pessoas que apanharam do livro, referindo-se a certos chacoalhões que a leitura pode causar – mas tudo partindo sempre de movimentos amorosos.

Obrigada, pessoa querida que me lê, por estar nessa festa comigo!

ANA SUY

› PREFÁCIO À EDIÇÃO ORIGINAL

A psicanálise oferece a Ana Suy compreensão do lugar e da função do amor na constituição da estrutura psíquica, e a clínica psicanalítica lhe dá acesso à sua verdade de sujeito, sendo assim, sua transmissão da psicanálise é produzida pelo seu desejo de ser analista. Fechado esse ciclo de formação, o amor deixa de ser, para ela, apenas (pois sem fim) tema de pesquisa e estudo e passa a ser modo de vida. "Eu leio tudo a partir do amor." Esse lugar central que reserva ao amor, Ana Suy o atribui à mãe tê-la "ensinado a amar". "Ensinar uma filha a 'amar', isto é, dar-lhe sua falta, é também transmitir-lhe a forma erotomaníaca feminina de amar da mulher: '... o amor demanda o amor. Ele não deixa de demandá-lo. Ele o demanda... mais... ainda.'" (Lacan, *O seminário, livro 20*: mais, ainda). Ao revelar que "escreve porque precisa escrever", Ana Suy indica que a *palavra* pode servir de *mediação*, na sua demanda de amor, entre ela e o Outro. Detém-se num primeiro tempo em reflexões sobre como lidar com a "sua" demanda de amor e, para tanto, recorre à poesia em dois de seus livros. Porque sobre o amor, como bem mostrou Roland Barthes, se fala e se é só. Os poetas sempre souberam disso.

Fazer do amor seu modo de viver a mantém conectada à experiência quotidiana, sobretudo à de mulheres cujas demandas de amor ela busca esclarecer e aprofundar. Este livro sobre *Amor* e *Solidão* é dedicado a elas, pois, ao esperarem demais do amor, temem a solidão como sendo a perda do amor. Acham que ele é infinito, inquebrável, imortal – ou que não é amor. Para Ana Suy, a solidão não é para ser combatida, nem negada, mas sim explorada. Esclarece que não se trata sempre do abandono do outro e muito menos do abandono de si mesmo, e sim de estarmos com nós mesmos. Há sempre partes que não podemos compartilhar. Saber que é um sentimento comum a todos os seres nos permite nos sentirmos menos sós.

"O amor e a solidão sempre andam juntos – não são dois contrários, mas dois reflexos de uma mesma luz que é viver", diz André Comte-Sponville. Essa reflexão, por ser a de um filósofo, evoca a de Lacan: "O amor... podemos nos perguntar se se trata de um conceito propriamente psicanalítico e não mais um tema ligado à filosofia – os filósofos só falam disso".

Se o filósofo é alguém que pratica a filosofia, que se vale de sua razão para refletir sobre a vida, para se libertar de suas ilusões e, se puder, para ser feliz, o livro de Ana Suy não teria além de um viés psicanalítico, um viés filosófico? Afinal, como já dizia Montaigne: "A filosofia é uma poesia sofisticada".

MALVINE ZALCBERG,
psicanalista, doutora em psicanálise

› SUMÁRIO

O amor por si mesmo só conhece uma barreira:
o amor pelos outros, o amor por objetos.

Sigmund Freud

› COM LICENÇA!

Quero começar, mas não sei por onde
Onde será que o começo se esconde?

Tiquequê

Oi, você que está prestes a ler este meu livro (que agora não é mais meu, mas seu). Antes de começarmos, eu queria dizer algumas coisas.

Queria te contar que escrevo com um medinho, que escrevo como quem pensa que pisa em ovos, mesmo que não pise em ovos. Queria te contar que ser procurada por uma editora grande para escrever um livro é o meu sonho infantil. Na verdade, nunca pensei em ser escritora quando era criança, mas uso aqui o termo "infantil" porque é o lugar em mim (talvez em você também) onde tocam as coisas que mais importam. Nas outras vezes que publiquei livros, eu não os escrevi para publicar, nem sequer os escrevi para mostrá-los a alguém, mas sim por escrever – e depois escolhi o que iria publicar. Mas escrever para publicar faz dar medinho de escrever.

Então, queria que soubesse que as letras que compõem este livro têm um destinatário: você. Escrevi falando com você. Estou escrevendo isso porque estou inibida para escrever, preocupada com o que você vai pensar. Então, como escritora que sou, faço do meu mal-estar, escrita. Porque uma parte de mim (amor) quer ser amada por quem me lê, inclusive por mim mesma. E a outra parte quer apenas escrever (solidão).

Querida leitora, querido leitor, era isso o que eu queria dizer para começar. Eu escrevo porque preciso escrever, porque é o meu modo de viver. Escrever não é cuspir verdades. Escrever é começar a partir de algo que se supõe saber e descobrir coisas novas no meio do caminho. Livros têm vida própria. Começo o parto deste livro aqui.

Talvez este texto de início seja uma espécie de licença que peço para escrever algumas das coisas que extraí da minha experiência e, por meio dessa aposta que marca um início, descobrir algo com vocês. Fico pensando... *Quão neurótica precisa ser uma escritora para pedir licença para escrever?*

No fim das contas, acho que eu só queria dizer que: isto não é um manual. Pegue as coisas que servirem para você e deixe cair as demais. Não existe receita pronta para ser a gente mesmo. Só a gente é o que é. Somos sozinhos nesse sentido. Por consequência, não existe um caminho trilhado pelo outro que vá nos dar acesso ao amor. Amor é um misto de bancar a solidão com ter sorte, atravessado por um encanto com um outro que insiste.

Acho que agora podemos começar.

› APRESENTAÇÃO

Pela estrada afora eu vou bem sozinha
Levar esses doces para a vovozinha.

Braguinha/João de Barro

Este livro é um bem bolado das minhas pesquisas teóricas, do que aprendi com minha própria análise pessoal, do que aprendi com os analisantes que escuto, de conversas com amigos, das minhas trocas com um monte de gente pelas redes sociais e, muito especialmente, do que aprendi dando aulas na graduação de psicologia por mais de dez anos.

Há toda uma questão nos debates psicanalíticos sobre o "ensino" da psicanálise, sobre ser ou não possível... e há todo um debate sobre o ensino da psicanálise nas universidades. Não pretendo me adentrar nessa temática complexa de aonde é possível levar a psicanálise ou não, mas queria destacar que, comunicativa que sou, há duas coisas que me interessam muito na psicanálise: poder falar e poder escrever algo dela.

Isso porque eu aprendo muitíssimo com meus interlocutores. Nas redes sociais e nas salas de aula me direciono a uma causa impossível: me fazer ser entendida. Tento achar meus próprios modos de abordar conceitos de psicanálise sem recitar meros jargões, como se eles dissessem algo por si. É verdade que às vezes escorrego e faço isso, sim, por isso sou muito grata quando alguém me atenta a isso.

O amor é meu tema de pesquisa no mestrado e no doutorado na academia. Mas, para além disso, é meu tema de análise e de tantas escritas. Volta e meia alguém me pergunta por que eu escolhi estudar o tema do amor, e essa pergunta absolutamente não me faz sentido, porque, afinal, que outro tema estudaria? É claro que há tantos outros temas a serem trabalhados, mas eu leio tudo a partir do amor e fico sempre surpresa com o quanto é possível que outras pessoas vejam a vida de outros modos.

Uma vez que o amor não resolve os impasses da vida, já que a gente sempre vai ao encontro com o outro levando nós mesmos, cheguei ao tema da solidão. Trabalhei esse assunto de modo bastante teórico em minha tese de doutorado, que se chamou "Amor, feminino e solidão:

um estudo psicanalítico sobre invenções da existência", orientada pela doutora Rita Maria Manso de Barros, na Universidade do Estado do Rio de Janeiro (UERJ). Como as teses de doutorado costumam ter uma linguagem bastante específica e eu gostaria de falar com muitas pessoas, aceitei o convite da Editora Planeta para escrever este livro de um modo que todos possam encontrar uma linguagem acessível. Não se trata de uma "tradução" da minha tese de doutorado, do lacanês ao português, mas de outro trabalho; do trabalho de fazer algo com o que ficou para mim como resto da tese que escrevi.

Não me entendam mal quando falo de resto. A gente tende a pensar, nessa sociedade do consumo exacerbado, que resto é pejorativo, afinal de contas o que sobra vai para o lixo. A psicanálise, no entanto, é bastante avessa a essa lógica do consumidor que trata estudo como conteúdo, troca como engajamento, saúde mental como produto, amor como objeto a ser consumido, resto como lixo. Em uma psicanálise, aliás, o que se aprende é a dar dignidade aos restos, afinal de contas, é deles que somos feitos.

Então, neste livro tomo o que ficou como resto em mim depois de vários anos de estudos na academia e me relanço na escrita a partir de outro lugar, muito a partir de mim mesma, aliás. Se na escrita acadêmica é preciso citar autores e ser muito cauteloso com o que se propõe, sustentando cada vírgula, aqui me autorizei a escrever mais livremente.

Neste livro, escrevo como converso. E converso com você. Então, chegue mais, puxe uma cadeira, sente aqui ao meu lado, vamos papear. Porque é isto que pretendi fazer deste livro: um bate-papo.

1

› AMOR CONTÉM SOLIDÃO

Amor será dar de presente
ao outro a própria solidão?

Clarice Lispector

Todo mundo já se perguntou algo sobre o amor e todo mundo já se perguntou algo sobre a solidão. Amor e solidão são duas experiências que dizem respeito à nossa própria vida, muito antes de colocarmos esses temas em algum campo teórico. Falar de amor e de solidão é falar da vida.

Amor e solidão rimam, embora a língua portuguesa não esteja de acordo, fazendo rimar de modo mais evidente "amor" com "dor" – a música popular que o diga.

É preciso que nos sintamos a sós com a gente mesmo para nos dirigirmos ao outro e amá-lo, e, inevitavelmente, mesmo em uma experiência bem-sucedida de um amor que, por sorte, encontre reciprocidade, não há amor que nos livre da solidão. Sempre amamos sozinhos, pois cada um ama a seu próprio modo, cada um ama com sua história, com seu sintoma, com suas perebas psíquicas, com seus perrengues transgeracionais. No amor a gente sempre comparece com a gente mesmo.

O título deste capítulo, "Amor contém solidão", é uma brincadeira com o duplo sentido que esse dito comporta. Podemos ler que o amor contém a solidão em seu interior, pois no coração do amor está sempre a solidão, e por isso quem não suporta a solidão também não suporta o amor. Mas também podemos ler que amor contém solidão no sentido de que o amor faz uma contenção à solidão. O amor não nos livra de sermos sós, mas certamente torna a experiência de estar só algo muito interessante. Não fosse assim, não nos dirigiríamos a ele. Se não fosse o amor, não seria a solidão. Se não fosse a solidão, não seria o amor. Amor e solidão se fundem e se dependem.

Neste livro rimamos amor com solidão, e não amor com dor, rima própria da sofrência da vida humana. Penso que estar sozinho não necessariamente é um sofrimento, mas, para além disso, é um grande alívio, um belo convite ao exercício do amor, essa experiência tão interessante que cada um vive sozinho junto a alguns outros ao longo da nossa passagem pelo mundo.

2

› NO INÍCIO ERA O AMOR?

Se começo pelo amor,
é que o amor é, para todos –
por mais que o neguem –
a grande coisa da vida.

Charles Baudelaire

Diferentemente dos animais, que nascem prontos para viver, os seres humanos nascem à mercê da morte. Essa é a teoria de Freud, sobre a pulsão,[1] que aponta sempre para uma satisfação a mais. Não sou bióloga e por isso

1. Você encontra mais sobre esse tema nos textos "As pulsões e seus destinos", publicado originalmente em 1915, e "Além do princípio de prazer", publicado em 1920. Ambos escritos por Sigmund Freud.

não me atreverei a me aprofundar no funcionamento animal, mas é certo que a natureza se organiza por conta própria. Se o ser humano não mete o dedo estragando o planeta, fazendo a temperatura da Terra aumentar e causando o derretimento das geleiras, além de vários outros desastres ambientais, a natureza simplesmente se vira e continua.

Na vida humana é diferente. Há uma desnaturalização que nos é própria, efeito do fato de sermos seres de linguagem. Falar nos torna radicalmente diferentes dos outros animais. O que gostaria de destacar aqui é que ser recebido na vida com amor é uma questão de vida ou morte para o ser humano. É claro que o amor não garante a vida. Há bebês que são recebidos com amor e por alguma desordem não sobrevivem. Mas é fato que sem acolhimento humano não há chance para nós. O amor de alguém nos funda na vida. É sempre por amor que vivemos, mesmo que seja um amor meio torto, e com frequência o é. Portanto, no início era o amor... e depois também.

Há quem se defenda da experiência amorosa, dizendo que não quer saber do amor, que quer se bastar. Em minha experiência clínica, que tem cerca de quatorze anos, nunca encontrei alguém assim, o que não quer dizer que essas pessoas não existam, mas talvez não se interessem por mim, ou talvez não se interessem por pessoas. A maioria de nós se interessa muito pelo tema do amor, seja estudando, seja amando.

Dificilmente encontramos uma história na literatura, a letra de uma música, um poema que não seja sobre o amor. Histórias de amor nos fascinam! Mas é preciso destacar dois pontos:

1. Nosso fascínio pelas histórias de amor não costuma ser apenas pelas histórias que continuam – às vezes é a vertente sofrida do amor que nos captura.

2. Quando falamos de amor, nem sempre estamos falando de um casal, de um par amoroso no sentido sexual. A amizade, por exemplo, é uma modalidade amorosa que costuma trazer muitas alegrias e salvar muitas vidas. Voltaremos a esse ponto no final deste livro.

Amor é uma experiência grande demais para se reduzir a apenas uma modalidade. Há muitas formas de amar e nenhuma delas é exatamente fácil, uma vez que nenhuma delas nos livra da solidão.

3

› QUEM AINDA SE INTERESSA PELO AMOR?

Ah, meu amor, não tenhas medo da carência: ela é o nosso destino maior. O amor é tão mais fatal do que eu havia pensado, o amor é tão inerente quanto à própria carência, e nós somos garantidos por uma necessidade que se renovará continuamente. O amor já está, sempre. Falta apenas o golpe da graça – que se chama paixão.

Clarice Lispector

Quanto mais as mulheres ascendem às suas liberdades, mais as taxas de divórcio aumentam. Não se trata unicamente de pensarmos que as pessoas não sabem mais amar umas às outras, mas também de que talvez agora possam amar a si mesmas – e, por vezes, em nome desse amor por si, pela própria vida, precisem abrir mão de um casamento.

Freud já havia nos avisado que encontrar a infelicidade no amor é muito mais fácil do que encontrar a felicidade. Assim, seguimos encantados e extremamente interessados pela experiência amorosa, mas muito desengonçados ao vivê-la. Então a gente se defende! Como se o amor fosse uma luta, como se o amor fosse um jogo, como se o amor fosse uma disputa entre nós e nós mesmos.

Uma amiga minha me contava que foi a um encontro com uma pessoa com quem engatou um papo interessante por um aplicativo de relacionamentos. Ela, que, toda elegante, preocupava-se sempre com os bons modos e o bom português dos rapazes, deparou-se nesse encontro com um homem que, imediatamente depois de comer, se pôs a palitar os dentes sem nenhum constrangimento ou pudor. Ela, que em outras circunstâncias certamente descartaria naquele exato momento a possibilidade de estreitar uma relação com um homem assim, tão "ogro", ali ficou. Achou graça do homem que palitava os dentes, mas, sobretudo, achou graça de si mesma e de sua tranquilidade naquela situação. Como ela poderia não rejeitar de imediato um homem em um cenário assim? Esse espanto era, sobretudo, consigo mesma. Quem era aquela mulher estranha nela? O amor nasce de um mistério.

Quem sou eu para além do que já sei? É a pergunta que nos fazemos na vida, e a pessoa do nosso amor tende a ser aquela que nos dá alguma pista de que tem alguma resposta. Não tem, é claro, como poderia alguém saber mais sobre nós do que nós mesmos? Mas a sensação de que há ao menos uma pessoa no mundo que nos entende, que nos conhece, que nos antecipa, é uma das primeiras marcas que temos em nosso psiquismo. São as mães, afinal de contas, que são essas primeiras figuras: seres que apostam que nos conhecem, que sabem o que queremos. É preciso dizer que também as mães não sabem. Mas elas costumam ser malucas o suficiente para acreditar (ainda que parcialmente) que sabem. Uma mãe escuta o choro de seu bebê e diz: "É fome!", "É cólica", "É manha!", e, assim, à medida que empresta sua subjetividade para o seu bebê, interpretando-o, vai dando consistência à sua existência – daí sairá o "chão" do narcisismo da criança.

Vale dizer também que, se tudo correr bem, mães são seres bastante decepcionantes. Elas nos barram, nos impedem, demandam de nós mais do que podemos dar. Elas (e os pais também, é claro) colocam suas regras, sustentam seus limites, dizem que na casa delas é assim, nos animam a fazer diferente em nossas próprias casas. Muitos de nós (senão todos) já proferiram o famoso dito: "Quando eu crescer e tiver a minha própria casa, jamais farei isso". Ótimo. Mesmo que a gente repita aquilo que prometemos jamais repetir, repetimos diferente.

É preciso que uma mãe não seja tão boa assim a ponto de a gente querer ficar perto para sempre. Talvez seja disso que Winnicott trate com seu famoso conceito de mãe suficientemente boa. Mãe precisa ser boa, mas não demais, que é para a gente poder se separar. Nossa história de amor com uma mãe, se corre bem, termina em separação. É bom para um filho ter sua casa, seu dinheiro, seu corpo, sua vida, mesmo que ele tenha uma relação afetiva amorosa e estável com sua mãe.

No amor no sentido sexual, no entanto, pretendemos não nos separar nunca do outro. Temos a ambiciosa fantasia de ficar juntos para sempre. É claro que essa é uma fantasia amorosa que costuma estar advertida do impossível de encontrar a tampa da panela, a metade da laranja, especialmente nos dias de hoje, em que trabalhamos tanto para desconstruir as idealizações, por vezes delirantes, do amor romântico. Mas saber racionalmente que alma gêmea não existe não nos exime de desejar que ela venha a existir, ou mesmo de agir como se não soubéssemos que ela não existe. A capacidade que temos de não saber aquilo que sabemos é impressionante. A isso nós, psicanalistas, chamamos de recalque, um mecanismo de defesa que nos leva a fingir para nós mesmos que não sabemos de coisas que sabemos. Por isso, com frequência, as coisas mais óbvias são também as mais difíceis de perceber.

4

› DE ONDE VEM ESSA IDEIA DE QUE HÁ A METADE DA LARANJA?

Por onde andei
Enquanto você me procurava?
E o que eu te dei?
Foi muito pouco ou quase nada
E o que eu deixei?
Algumas roupas penduradas
Será que eu sei
Que você é mesmo tudo aquilo que me faltava?

Nando Reis

A fantasia popular sobre o amor encontra inspiração na fábula de Aristófanes, narrada por Platão em seu livro

O banquete.[2] Nela, conta-se que antigamente éramos seres duplicados: tínhamos quatro pernas, quatro braços, duas cabeças e dois sexos. Havia os seres que tinham dois sexos femininos, os que tinham dois sexos masculinos e os que tinham um sexo feminino e um sexo masculino. Assim, éramos seres muito fortes. Preocupado com a possibilidade de que tirássemos o lugar dos deuses, a fim de nos enfraquecer e garantir a soberania deles, Zeus teria nos cortado pela metade, costurando cada parte na região do umbigo e voltando nossa cabeça para ele, de forma que sempre nos lembrássemos do resultado da vaidade. Para além disso, teria nos espalhado pelo planeta, afastando as metades. Desde então, cada um de nós viveria se sentindo com falta de algo, supostamente a outra metade de si mesmo.

Trata-se de uma fantasia amorosa bastante comum, a de que encontrar nosso grande amor nos livraria de nós mesmos. Assim, não conseguimos parar de olhar para o que nos falta, para o nosso próprio umbigo – e, em contrapartida, não podemos olhar para o mundo, hipnotizados por nós mesmos e tentando buscar no outro algo que diga respeito a nós.

Vale destacar que nessa fábula encontramos a possibilidade do amor heterossexual, já que havia seres que tinham um sexo feminino e um masculino, mas também encontramos a possibilidade do amor homossexual

---

2. PLATÃO. *O banquete, ou do amor*. Rio de Janeiro: Difel, 2003. (Trabalho original do séc. IV a.C.).

feminino e masculino, uma vez que haveria os seres com dois sexos iguais. A fantasia amorosa trata sempre de uma completude fictícia, seja ela qual for.

Com frequência, pensamos que, no amor, encontraríamos a parte que supostamente nos falta, a parte que nos livraria da nossa própria falta, a parte que nos preencheria. No entanto, no amor, o que se experiencia é o contrário. Quando amamos alguém, nossa falta tende a ser duplicada. Ao encontrar um amor, a gente não encontra a parte que nos faltava até então. A gente encontra a metade que fará falta a partir dali. Mira-se no amor, acerta-se na solidão!

Amar é se haver com a insuficiência do outro, que denuncia a insuficiência de cada um. Isso que estou chamando de insuficiência não precisa ser da ordem de um sofrimento, mas pode ser justamente aquilo que nos anima na vida.

Somos seres faltantes e isso não é um problema. Aliás, está mais ao lado da solução poder fazer parceria com essa condição, inclusive porque livra o outro de ocupar um lugar daquele que nos salvará, o que certamente cai como um peso. Ninguém salva ninguém no campo do amor, e assumir essa posição pode ser libertador. Inconscientemente, sabemos disso. Por isso é comum que a gente inclua alguma falta nas relações. Quando o outro está perto demais, sua presença excessiva nos angustia. Aí sentimos saudade de sentir saudade. Sentimos falta de sentir falta. "Vamos dar um tempo? Preciso sentir sua falta", os amantes costumam dizer, ou pensar. *Será que ele/ela vai sentir minha falta se eu não ligar hoje, se eu não enviar mensagem de bom-dia?* Não queremos ser amados apenas pela presença, mas queremos ser amados especialmente pela nossa falta. *Será que alguém sentiu minha falta?* É a pergunta que nos fazemos quando não vamos a um encontro. E a fantasia que cada um de nós faz a respeito de sua própria morte? De imaginar o sofrimento dos que nos são caros, quem irá ao velório, como elaborarão seus lutos. Nos satisfazemos por imaginar (ou saber) que podemos fazer falta.

Quando nos sentimos desamparados, temos a sensação de não fazer falta para o outro. Nesse buraco da existência humana, onde tudo perde o sentido, nos sentimos excessivamente sós, e o amor titubeia. Em minha clínica várias vezes recebi pessoas muito deprimidas e tristes, que diziam não desistir da vida porque sabiam que isso acabaria com a vida dos pais, do irmão, da namorada, das amigas. Em última instância, aquilo que nos liga à vida é sempre da ordem do amor... mas nunca sem uma dose de solidão.

5

› NOSSO PRIMEIRO AMOR: O EU

Quando eu te encarei frente a frente não vi o meu rosto
Chamei de mau gosto o que vi, de mau gosto, mau gosto
É que Narciso acha feio o que não é espelho
E à mente apavora o que ainda não é mesmo velho
Nada do que não era antes quando não somos mutantes.

Caetano Veloso

Amar é algo que aprendemos sendo amados. É porque alguém em algum momento nos amou, ainda que tenha amado mal, que a gente aprende a amar, ainda que ame mal. Mas nossas primeiras experiências de amor são irremediáveis. Não no sentido de que elas nos paralisam e condenam necessariamente num mesmo ponto, mas no sentido de que ninguém sai imune da família que tem. Ninguém sai ileso de uma mãe, de um pai, dos irmãos etc. Nosso modo de ocupar um lugar mais ou menos precioso para alguém servirá como bússola para nos posicionarmos no campo do amor nas escolhas da vida madura, ainda que não seja tão madura assim.

Chegamos à vida sem corpo, embora tenhamos um organismo. Não sabemos quem somos, não nos reconhecemos no espelho, não temos desejos de grandes coisas. Chegamos à vida tão frágeis que dependemos de que alguém nos adote para sobreviver. É o amor de um outro, a quem frequentemente chamamos de mãe, que nos liga à vida. Nossa primeira tarefa na vida é receber o amor do outro. Em seguida, nos identificamos com o lugar de objeto precioso para o outro e passamos a nos amar também. Esse primeiro tempo de relação amorosa com a gente mesmo Freud chamou de narcisismo primário. É o desejo de um outro de que existamos que nos liga à nossa carne, como efeito da aposta desse primeiro outro (ou primeiros outros) que nos amará. O psicanalista e discípulo de Freud chamado Sándor Ferenczi desenvolve lindamente essa ideia em um texto chamado "A criança mal acolhida e sua pulsão de morte".[3]

---

3. FERENCZI, Sándor. *Obras completas*: psicanálise IV. São Paulo: Editora WMF Martins Fontes, 2011.

Se boa parte dos pais consegue apostar nos filhos com tanto amor, isso não é por acaso. Freud[4] aponta que os pais reinvestem nos filhos o narcisismo infantil deles já abandonado. Ou seja, os pais amarão nos filhos a própria imagem idealizada, e por isso tenderão a esperar que eles os restabeleçam em suas frustrações. Seus filhos serão amados como sendo a parte mais valiosa deles mesmos. É com esse amor, idealizado, que a criança se identificará, vindo a se achar a "última bolacha do pacote".

A criança, do alto de seu narcisismo primário, não terá medo e nem vergonha de nada. Daí a sedução que ela exerce sobre as outras pessoas. É o tempo de fofura máster de uma criança, que se sente potente, como se nada tivesse a perder. Inclusive, é um perigo. Uma fase onde os adultos precisam estar de olho na criança o tempo todo, que "não tem noção do perigo". Será essa sensação de imenso valor que fundará o que depois se constituirá como autoestima do sujeito, por isso se trata de um tempo tão importante, de um amor tão fundamental.

No entanto, para que essa criança venha a se tornar um ser humano minimamente agradável, será preciso que esse narcisismo seja furado. Eis o fundamento que organiza nossa civilização: todo mundo precisa perder um pouquinho. É o que nos permite a mínima dose de segurança. Inibo minha agressividade em relação ao outro e aposto que o outro também inibirá sua

---

4. FREUD, Sigmund. *Introdução ao narcisismo, ensaios de metapsicologia e outros textos* (1914-1916). v. 12. São Paulo: Companhia das Letras, 2010.

agressividade em direção a mim. Assim, tanto eu quanto o outro nos sentimos seguros para circular no mundo.

À medida que a criança vai transitando pelo mundo, vai à escola, conhece e convive com outras crianças, vai se dando conta de que não é superior às outras. Mas é importante também que os pais possam auxiliar a criança na tarefa de descobrir que ela é um ser humano como os outros. Quando os pais não conseguem desidealizar a criança, ficam fixados na ideia de que a criança é uma versão melhorada deles e que os restabelecerá de seus fracassos. Na medida em que os pais topam se desapontar com os ideais que colocaram na criança, podem perceber que seu filho não é uma versão atualizada deles mesmos, mas outra pessoa. Parece simples, mas é uma grande descoberta. Lembrem-se, as coisas mais óbvias costumam ser as mais difíceis de serem entendidas. Para além de fazer o filho entrar na moldura de filho ideal (moldura essa que os colocaria no lugar de pais ideais), os pais podem, assim, aprender a serem pais com o filho que têm. A isso Freud chamou narcisismo secundário, um amor pelo Eu que é furado, que sabe que não é perfeito.

Essa passagem do narcisismo primário para o secundário não acontecerá sem angústia. A criança, num primeiro momento "Sua majestade, o bebê",[5] logo descobrirá que é apenas mais um ser no mundo, e terá de parar de "reinar", aceitando sua condição de faltante.

---

5. FREUD, Sigmund. *Introdução ao narcisismo* (1914-1916). São Paulo: Companhia das Letras, 2010.

Podemos chamar esse momento de "castração", para fazer referência ao conceito psicanalítico, que aponta o impossível de alguém viver sem falta. Paradoxalmente, é justamente a castração que liberta a criança para olhar para o mundo, para olhar para o outro, para poder viver sem se fixar em seu próprio umbigo.

É a noção de falta, a noção de que estamos sozinhos em nosso corpo, sem nossa suposta outra metade, que nos impulsionará a amar as pessoas e a vida para além de nós mesmos. No entanto, longe disso ser vivido como sofrimento, é, no fim das contas, um grande alívio. Quem não tem noção de que está sozinho no próprio corpo pode adoecer psiquicamente, sentindo que seu corpo é invadido pelo outro, que seus pensamentos podem ser alcançados por outra pessoa.

Um homem que conheci em uma instituição de saúde mental na qual trabalhei há alguns anos estava certo de que seus pensamentos eram não apenas lidos por seres de outro planeta, mas também projetados lá no céu para toda a população alienígena ver. Uma baita angústia ser invadido assim pelo outro. Se temos verdadeiro pavor de entrar em reuniões on-line com câmera e áudio ligados quando pensamos tê-los fechado, é porque prezamos pelas fronteiras entre nós e outros, porque prezamos por nossa solidão, que atende também pelo nome de privacidade. É um luxo poder ficar a sós com os próprios pensamentos sem ser ameaçado por uma invasão.

6

› COMO HABITAR UM CORPO SOZINHO

E ninguém é eu.
Ninguém é você.
Esta é a solidão.

Clarice Lispector

Que estamos sozinhos debaixo de nossa pele é um fato. Que sofremos por causa disso é outra coisa. Nossa cultura tende a colocar a solidão como uma patologia, na medida em que junta solidão e sentimento de solidão em uma mesma ideia. É fato que nascemos e morremos sozinhos, mas entre uma ponta e outra, nossa vida se dá na relação com várias pessoas. Quem não pode assumir psiquicamente que está só em seu corpo tende a adoecer, como o homem a que me referi no capítulo anterior. Se considerar minha experiência com pacientes com esquizofrenias e paranoias, certamente discorrerei sobre inúmeros sujeitos que sofrem por não terem dimensão do alívio que pode vir a ser a solidão.

No filme *Cisne negro*[6] vemos a personagem Nina sofrer justamente da falta de solidão que vive. Trata-se de um filme amplamente difundido, que aposto que boa parte dos leitores já assistiu. A película mostra a história de uma moça que quer ser a primeira bailarina da companhia de balé onde dança e de uma mãe que quer muito que a filha seja o que ela mesma não pôde ser: primeira bailarina. O que está em jogo na trama do filme é que o coreógrafo está em busca de uma mesma bailarina que possa dançar como cisne branco e como cisne negro também. Nina é muito habilidosa como cisne branco, mas como cisne negro ela não se dá bem. O cisne branco encarna a pureza da filhinha da mamãe, obediente e doce, como ela é. O cisne negro precisaria encarnar um lugar de agressividade e sexualidade, coisas que Nina não viveu. Assim, o coreógrafo de Nina incentiva que ela investigue sua sexualidade, que ela se explore, se desenvolva para além daquilo que sua mãe lhe demandou. É certo que ele o faz de maneira muito duvidosa, mas convoca a personagem a isso. Em uma cena em que começa a tocar seu corpo

6. Filme lançado em 2011, dirigido por Darren Aronofsky e protagonizado por Natalie Portman.

para se masturbar sozinha em uma banheira, Nina vê sua mãe entrando repentinamente no banheiro. Em outra cena, ela tenta se livrar da presença materna fechando a porta do quarto, que ficava sempre aberta, mesmo ela tendo 27 anos de idade. O filme vai demonstrando, aos poucos, que a realidade psíquica demonstrada ali é a de Nina. Então, não sabemos se a mãe de fato entra no banheiro ou no quarto, mas psiquicamente é como se ela estivesse sempre lá, um efeito da psicose de Nina. Poder ficar sozinho é sinal de boa saúde mental.

Em um texto belíssimo, Winnicott[7] desenvolve sua tese de que poder ficar só na presença de um outro é o estágio mais sofisticado do psiquismo humano. Nesse texto ele exemplifica a possibilidade de a criança estar na presença da mãe, cada uma fazendo suas coisas sem demandar algo do outro. Não se trata, portanto, da capacidade de ficar só sem a presença física do outro, mas sim, sobretudo, de ficar só na presença de um outro. Nesse sentido podemos pensar que se trata de um modo de inventar uma solidão, de criar um espaço em si que o outro não alcança.

Um dos sinais de bom desenvolvimento psíquico da criança é quando ela se torna capaz de contar mentiras. É claro que não a incentivamos a fazer isso de modo deliberado, damos bronca, contamos a história do Pinóquio etc. Mas é um bom sinal na medida em que a

---

7. WINNICOTT, Donald. The Capacity to be Alone. *International Journal of Psycho-Analysis*, n. 39, pp. 416-420, 1958.

criança demonstra com isso a possibilidade que tem de apostar em seu lugar de solidão, o qual sabe que o outro não alcança. É preciso que ela acredite que os pais não leem seus pensamentos, que não estão dentro da sua cabeça, para que possa mentir. Por isso, com frequência, os próprios pais "deixam passar" uma mentira ou outra, deixam que a criança pense que os "engana".

Quando crianças pequenas, com cerca de 2 anos, começam a ir para a escola, os pais pedem que elas contem a eles como foi o dia e elas costumam ter dificuldades. Muitas vezes, psiquicamente ainda estão misturadas com os pais, então é surpreendente (e importante) que descubram que aquilo que vivem sem a presença dos pais é só delas. Transformar sua experiência em palavras passa a ter, então, o valor de um dom de amor. Os pais demandam que seus filhos lhes contem como foi a escola, o que fizeram lá, na posição de amantes. Os amantes estão com frequência a pedir palavras uns dos outros. Porque são as palavras que fazem ponte entre a solidão de um e a solidão do outro no amor.

7

› SOLIDÃO × SENTIMENTO DE SOLIDÃO

"Titia, fale comigo! Estou com medo
porque está muito escuro."
E a tia respondeu:
"De que adianta isso? Você não pode me ver".
"Não faz mal", respondeu o menino,
"quando alguém fala fica mais claro".

Sigmund Freud, citando uma criança de 3 anos

Gostaria de destacar, no entanto, outro ponto: a solidão é uma ilusão, porque em última instância a gente nunca está sozinho, mas está com a gente mesmo. Pode parecer um discurso de autoajuda aqui, mas não se preocupe, leitor, não se trata de "coachizar" a solidão e proferir frases chulas, tipo que a gente sempre pode contar consigo mesmo ou coisa assim. O que quero dizer com isso é que se temos medo da solidão é porque no fundo ela é uma ilusão; a gente está sempre, em algum nível, com o nosso Supereu.

Explico: como falei anteriormente, a base do nosso psiquismo são os primeiros amores da nossa vida, com frequência os nossos pais, que nos interpretam e interpretam o mundo para nós. Isso não ocorre sem consequências. Do mesmo modo que uma mãe pode marcar seu filho para sempre fazendo-o acreditar que ele é uma criatura especial, linda e inteligente, os pais e cuidadores da criança, assim como toda a cultura em que ela está inserida, marcam-na com ordens e imperativos. O que chamamos de "patriarcado" também tem relação com isso, de um dito do outro que nos marca na carne e nos leva a tomar posse dele. Uma moça que atendi em algum momento da vida odiava seu nariz e contava que a mãe, que se dava muito mal com a sogra, dizia que o nariz da filha era igual ao da sogra. Tornou-se bastante difícil para essa moça olhar para si mesma sem os efeitos dos olhares da mãe.

Os ditos dos nossos primeiros amores, e também alguns da cultura, são internalizados em nós e nos constituem, e é isso que Freud chamou de Supereu. Isso é ótimo, porque funda valores éticos e morais em nós, nos situa em relação ao que é entendido como certo e errado na vida, mas também pode vir a ser muito danoso, porque esse circuito não tem fim. Sabemos o quanto o machismo, por exemplo, tão presente em nossa sociedade, atravessa cada um de nós – e o grande trabalho que temos para nos desembaraçar dele.

O amor transmitido pelos pais funda a criança como alguém que se liga à vida e ao seu corpo, mas também a encapsula em uma autoexigência fantasiosa. Pensar que somos especiais nos leva a uma exigência infinita de que sejamos melhores, de que leiamos mais livros, viajemos mais etc., porque somos especiais. Essa demanda desmedida que fazemos a nós mesmos, herança do amor dos nossos pais por nós, por vezes também nos leva a fantasias amorosas impossíveis. Assim, há quem siga buscando nas parcerias amorosas da vida adulta o amor infantil que viveu ou que gostaria de ter vivido na relação com os pais. Um baita equívoco. Na melhor das hipóteses, ninguém nos amará como fomos amados pelos nossos pais.

Ter o narcisismo furado, entender que não somos especiais, mas pessoas faltantes, castradas, furadas, por vezes é algo que se consegue só com muito trabalho de análise. E é um grande alívio descobrir que não temos nada de mais, que somos só mais uma pessoa dentre as quase 8 bilhões neste mundo. Aliás, com tanta gente nesse mundo, como alguém ousa se sentir só? Nesse ponto percebemos o quanto, por vezes, a solidão é um tema tratado como sentimento. Sentir-se só não é o mesmo que estar só.

Em 2018, o Reino Unido criou um "Ministério da Solidão" e, mais recentemente, em 2021, o Japão também o fez, preocupado com o aumento das taxas de suicídio no país. A solidão tem sido pensada como uma patologia a ser eliminada, como se não fosse da nossa condição humana sermos solitários.

A palavra "solitude" tem sido utilizada numa tentativa de se referir a uma espécie de solidão que não caia rapidamente no campo do sofrimento. No entanto, acho que vale ter cuidado com o uso dessa palavra para que ela não recaia em um sentido romântico, como se o tédio fosse algo a ser vivido com alegria, como se fosse possível viver em pleno estado de bem-estar no próprio corpo.

Por isso preferi manter aqui a palavra solidão, na tentativa de restituir alguma dignidade a ela, que por vezes é, sim, estado meditativo, de bem-estar, de contentamento consigo mesmo. Mas que também, por vezes, dá notícias do desamparo e da angústia com que chegamos ao mundo, os afetos fundamentais que nos levam às vivências amorosas. Cada um de nós experimentou, experimenta em alguma medida e ainda voltará a experimentar esses afetos na vida, já que é da nossa condição de ser humano e de ser falante passar por aí. Mas o fato de esses afetos nos constituírem não significa que eles nos determinem, e é por isso que o amor é efeito da solidão, ainda que não nos livre dela. Quem sabe o amor sobre o qual eu escrevo aqui restaure alguma dignidade à solidão. Por isso insisto em chamar esse estado de solidão e não de solitude, ainda que a solidão contemple algo disso.

8

› AMAR NÃO LIVRA NINGUÉM DA SOLIDÃO

Entre o homem e o amor
Existe a mulher.
Entre o homem e a mulher
Existe um mundo.
Entre o homem e o mundo
Existe um muro.

Antoine Tudal

Que o amor restaure alguma nobreza à solidão não significa dizer que o amor salve alguém da solidão. Voltamos ao mito de Aristófanes: eis que é uma furada, não existe um pedaço nosso andando por aí. E, mesmo se existisse, esse pedaço nosso andando por aí já teria sua própria falta fazendo par com ele. Assim, essa história da tampa da panela é uma cilada. Por consequência, cada vez que nos encontramos com alguém no campo do amor, nos encontramos com a nossa condição faltante e também com a do outro. Encontros amorosos são encontros entre duas pessoas e suas faltas, o que por vezes nos leva a interpretar como um erro, como um mau encontro.

A gente espera demais do amor. Acha que ele é infinito, inquebrável, imortal – ou que não é amor. Cazuza canta: "O nosso amor a gente inventa/ Pra se distrair/ E quando acaba a gente pensa/ Que ele nunca existiu". É próprio da condição amorosa acreditar que o amor não terminará. Que valor poderíamos atribuir a um amor que se sabe fadado ao término? Amar, então, é verbo que só se conjuga no gerúndio. Uma vez que ele termina, temos grandes dificuldades em aprender a conjugá-lo no tempo passado, mais fácil é desmerecê-lo, já que assim podemos manter o ideal de que o amor não termina. "Amor tudo crê, tudo suporta", encontramos na Bíblia,[8] em Coríntios. Ao pé da letra, seria o melô do que tem se chamado de "relacionamento abusivo". Achar que o amor, enquanto fantasia de completude, nos salvaria de nós mesmos pode ser muito perigoso. Amor pode terminar, sim, sem que tenha deixado de ser amor no tempo passado. Amar é um verbo que se

---

8. BÍBLIA, N.T. Coríntios. Português. *In*: Bíblia sagrada: nova versão internacional. Tradução de Luiz Sayão (org.). *Bíblia online*, livro 1, cap. 13, vers. 4-7. Disponível em: https://www.bibliaonline.com.br/nvi/1co/13/4-7+. Acesso em: 5 jan. 2022.

pode conjugar no pretérito, por mais dificuldades que tenhamos de viver essa conjugação no corpo.

Nessa de esperar demais do amor, por vezes, tomamos a diferença do outro como desamor. Uma moça que escutei certa vez estava certa de que seu marido não a amava, ou deixaria de fumar. Um motorista com quem conversei num momento da vida disse que a namorada não o amava, pois era excessivamente ciumenta. Uma amiga me confessou que tinha certeza de que sua esposa não a amava, pois, mesmo sabendo o quanto era importante para essa minha amiga se tornar mãe, ainda assim a esposa não queria ter filhos. Tendemos a tomar a diferença do outro como desamor, a tomar a outridade do outro como rejeição. Como o outro ousa não atender aos meus desejos? Como o outro se atreve a pensar diferente, a querer outras coisas, a gozar de outro modo? É que o outro é sempre outro, especialmente quando é ele mesmo. Aliás, é sobretudo quando o outro é ele mesmo que ele nos interessa, eu diria. Quando a gente tenta ser amado, tenta seduzir, tenta se encaixar naquilo que supõe que o outro gostaria que fôssemos, ficamos ridículos.

As comédias românticas hollywoodianas têm quase todas esse mesmo enredo. Um se apaixona pelo outro e fica se tolhendo para parecer ser aquilo que pensa que o outro quer. Se a moça encontra uma pessoa que parece ser inteligente e culta, vai lá ler os clássicos da literatura, da filosofia e dizer o quanto esses autores a moldaram. Se o moço se apaixona por alguém dedicado a cultuar o corpo, vai à academia, estuda nutrição para demonstrar o quanto eles são parecidos: almas gêmeas! Enquanto essa dança fake acontece, nada de verdadeiro se produz. Aí há um conflito, há um momento em que a máscara cai, em que se descobre que o outro tem algo nele de si mesmo e que não é uma encomenda para o outro. É nesse momento em que algo acontece, quando um desiste de se "fazer" para o outro, assume que eles são diferentes e consente com sua diferença, que com frequência se dá o ápice desses enredos e uma espécie de mágica acontece. A gente não ama o outro porque ele é nosso espelho, a gente ama o outro na notícia que ele dá de que há um mundo para além do nosso umbigo. Ter o nosso narcisismo furado é um baita alívio, e, no amor, é disso que se trata.

Marco Antonio Coutinho Jorge, psicanalista renomado que foi meu professor nas aulas do doutorado, resumiu essa espera neurótica exagerada que temos do amor quando narrou um episódio em que um paciente seu chegou à sessão decidido a romper seu namoro, que parecia ir superbem, aliás. Questionado a respeito, o paciente disse ter concluído que não amava sua namorada, uma vez que ainda desejava sexualmente outras mulheres. A gente espera do amor até mesmo que ele nos livre do trabalho que dá viver em um corpo vivo, desejante e sexuado.

Eis que, amando, ou interpretamos a experiência desencontrada do amor como um erro, como no enunciado "não era amor", ou tratamos de elaborar o luto por aquilo que pensávamos que era amor.

9

› O AMOR COMO ELABORAÇÃO DE LUTO PELO QUE SE PENSAVA QUE ERA AMOR

Amar é ver.

Marguerite Duras

No conto "O ovo e a galinha", Clarice Lispector escreve:[9]

> Amor é quando é concedido participar um pouco mais. Poucos querem o amor. Porque o amor é a grande desilusão de tudo o mais. E poucos suportam perder todas as outras ilusões. Há os que se voluntariam para o amor, pensando que o amor

9. LISPECTOR, Clarice. O ovo e a galinha. *In*: ______. *A legião estrangeira*. São Paulo: Ática, 1985. pp. 49-57.

> enriquecerá a vida pessoal. É o contrário: amor é finalmente a pobreza. Amor é não ter. Inclusive amor é a desilusão do que se pensava que era amor.

Longe de encontrar glamour no amor, o que encontramos são faltas. Para Freud, amar é perder narcisismo, uma vez que o amante se coloca no lugar daquele que não tem algo, como condição para poder encontrar algo que o interesse no outro.

O famoso mito de Narciso, personagem da mitologia grega, conta a história (em uma de suas versões) de um homem que era apaixonado demais por si para amar outra pessoa, o que o levou a se afogar em sua própria imagem. Para Freud, não temos opção: amamos ou adoecemos.[10] Não se trata aqui do amor romântico, longe disso, mas especialmente do quanto é o outro quem nos salva de nossa voracidade com a própria imagem.

Certa vez eu estava sentada em um avião e havia uma pequena criança com cerca de 2 anos de idade que chorava muito. A mãe, encabulada no avião fazia estripulias para acalmar a filha, mas a pequena seguia chorando, incansável. Em certo momento, quando se fez silêncio, a menina via algo no telefone da mãe. Ao investigar do que se tratava, vi que a menina assistia a vídeos de si mesma. Nossa imagem, ora nos perturba, ora nos acalma. Mas nunca ficamos insensíveis a ela.

---

10. FREUD, Sigmund. *Introdução ao narcisismo, ensaios de metapsicologia e outros textos (1914-1916)*. v. 12. São Paulo: Companhia das Letras, 2010.

É interessante ressaltar que isso não vem "de fábrica" com a gente, um bebê não nasce sabendo se reconhecer no espelho. O psicanalista Jacques Lacan, em seu artigo "O estádio do espelho",[11] apontou três fases para a constituição do eu, que se encarna nessa metáfora de nos reconhecermos no objeto espelho:

1. Num primeiro tempo, há um estado de indiferenciação do Eu em relação ao mundo. O bebê não sabe o que é ele e o que é o seio da mãe, o que é ele e o que é a chupeta, o que é ele e o que é a roupa, o que é ele e o que é o outro. Ele e o mundo, de início, são o mesmo caos.

2. Num segundo tempo, há o reconhecimento de que há alguém ali no espelho, alguém que é tomado como rival. Nesse estágio vemos também alguns animais, que rosnam para a imagem no espelho, que buscam atrás do espelho o igual que os ameaça.

3. É apenas num terceiro momento que podemos olhar nossa imagem no espelho e reconhecê-la como tal: como imagem. A criança só é capaz de chegar a esse estágio porque não trabalhou em torno da sua imagem sozinha, mas o fez apoiada

11. LACAN, Jacques. O estádio do espelho como formador da função do eu. *In*: ______. *Escritos*. Rio de Janeiro: Jorge Zahar, 1998. pp. 96-103.

pela figura da mãe. Esta atesta que a imagem ali refletida pertence à criança, que percebe que a mãe está em carne e osso fora do espelho, mas que tem um pedaço da imagem ali, refletida no espelho plano. Há que se ter um refinamento do psiquismo para se chegar a esse terceiro tempo. Clarice Lispector tem um escrito que enuncia bem esse momento:[12]

> Não há homem ou mulher que por acaso não se tenha olhado ao espelho e se surpreendido consigo próprio. Por uma fração de segundo a gente se vê como a um objeto a ser olhado. A isto se chamaria talvez de narcisismo, mas eu chamaria de: alegria de ser. Alegria de encontrar na figura exterior os ecos da figura interna: ah, então é verdade que eu não me imaginei, eu existo.

Encontrarmos nossa imagem inteira traz um baita alívio, e é assim que a gente se posiciona no mundo, buscando a imagem de alguém a quem nada falta. Ao depararmos com alguma fotografia em que sabemos estar presentes, primeiramente procuramos ali nossa própria imagem, para só depois olhar as demais pessoas ou a paisagem. Ao nos olharmos no espelho estamos corrigindo nossa imagem e, com frequência, criticando-a.

---

12. LISPECTOR, Clarice. *A descoberta do mundo*. Rio de Janeiro: Rocco, 2020.

Com o crescimento da nossa presença nas redes sociais, em especial mais recentemente, com a pandemia, que transferiu muitas atividades presenciais para o modo on-line, somos o tempo todo convocados a encarar a nossa imagem. Não por acaso se amplia de maneira exponencial o sucesso que fazem os filtros nas redes sociais, bem como os procedimentos estéticos. Estamos sempre tentando nos identificar com a nossa imagem. E aí não se trata de uma imagem meramente visual, mas de uma imagem no sentido de responder à pergunta: *quem sou eu para o outro?*

Como vimos anteriormente, o outro nos antecipa. Antes de falarmos, somos falados. Assim, com frequência estamos querendo saber de nós pelas palavras do outro. Quando esse outro nos retorna algo de nossa imagem como sendo completa, essa imagem nos apazigua, tal como à menininha no avião. Por vezes, buscamos um pouco dessa pacificação da nossa imagem no campo do amor. No entanto, ainda que se experimente algo disso nas relações amorosas, há um revés. Como já apontei, no amor não nos interessa meramente nossa própria imagem refletida no outro, mas saber que não somos tudo nesse mundo. É por isso que só se ama a partir de uma condição de sujeito faltante. Se eu tenho tudo, nada no outro, seja uma pessoa ou o mundo, me interessa. É preciso que alguma coisa nos falte para que possamos direcionar o olhar para além de nossa imagem. Se isso não acontece, tal como Narciso, nos afogamos em nosso próprio reflexo, por vezes, fundidos com o outro. Inclusive, como também já indiquei, tomando a outridade do outro como rejeição à nossa imagem, como desamor. Como se, tal como na infância, fôssemos tudo para o outro. A verdade é que nunca fomos tudo para o outro, mesmo na infância um bebê não é exatamente tudo para a sua mãe. Mas faz parte da nossa constituição psíquica pensar que sim, que somos a coisa maior, ou melhor, a coisa única, da vida do outro. Essa imagem preciosa de quem nós fomos para o outro, ou pensávamos que éramos, nos salva a vida em certa medida, mas também pode levar a um intenso sofrimento se não conseguimos perder essa imagem inteira, para ter acesso a uma imagem nossa que é furada.

É com essa imagem furada, então, que nos encontramos no amor. O outro está sempre em certa medida nos decepcionando narcisicamente, dando notícias de que não funciona em espelho conosco. É como o exemplo da minha amiga que se apaixonou pelo homem que palitava os dentes. Naquela cena, emblemática para ela, ela cai de seu pedestal narcísico e passa a ter acesso a algum lugar em si com o qual não está familiarizada. A gente não ama sem certa estranheza.

Ainda nesse tema de imagens e espelhos, volto a citar Freud. Em um texto que se chama "O infamiliar", ele conta em nota de rodapé um episódio em que, durante uma viagem de trem, deparou-se com um senhor vestindo pijamas e boné na porta do banheiro, percebendo em seguida que se tratava de seu encontro com sua própria imagem no espelho. Nunca nos identificamos completamente com nossa própria imagem. Talvez até pelo fato de que estamos sempre mudando, uma vez que crescemos e envelhecemos, sendo constantemente necessária a reelaboração que Lacan aponta no estádio do espelho.

Vale ainda destacar que Freud escreveu em alemão, e, no original, esse texto se chama "Das Unheimliche", termo traduzido várias vezes como "estranho", "inquietante". Na tradução mais recente (até a publicação deste livro), feita pela Editora Autêntica, os editores Gilson Iannini e Pedro Tavares explicam a escolha por "infamiliar" porque "infamiliar" contém a palavra "familiar". *Heimlich*, em alemão, é uma palavra que se fundiu com seu oposto, *Unheimliche*. Desse modo, infamiliar é algo que é, ao mesmo tempo, também familiar.[13]

Você já se pegou estranhando uma palavra? Me lembro de brincar disso quando era criança, de repetir uma palavra tantas vezes até estranhá-la. Me lembro, ainda, de uma fantasia infantil que eu tinha de olhar para os meus pais e pensar: "E se eles não forem os meus pais?". Quem passou anos assistindo a *O show de Truman* na *Sessão da tarde* talvez se identifique com o traço paranoico de cada um que se familiariza com a infamiliaridade do personagem Truman, que descobre que toda a sua vida é forjada e mesmo as pessoas de sua

---

13. IANNINI, Gilson; TAVARES, Pedro. Freud e o infamiliar. *In*: FREUD, Sigmund. *O infamiliar*. Belo Horizonte: Autêntica, 2019. pp. 7-25.

família são atores que participam da dramatização de sua existência, um mero programa de televisão.

Talvez o amor seja algo dessa surpresa da infamiliaridade com o familiar. Não é apenas familiaridade ou assombro, narcisismo ou furo, mas especialmente a combinação das coisas. É principalmente a experiência de que uma coisa carrega em si mesma o seu oposto. Há que se ter narcisismo para que ele seja furado, há que se ter o registro de uma familiaridade para encontrar a estranheza, assim como há que se estar vivo para correr o risco de morrer, e há que se correr o risco de morrer para que se possa estar vivo.

A falta de consistência da vida e do amor nos horroriza, não queremos saber dela, e nessa, tentamos entender e interpretar tudo apressadamente, cada vez mais apressadamente. Para ontem. Em outubro de 2021, houve uma falha nas redes sociais, que pararam de funcionar por várias horas. Antes que elas retornassem, recebi pelo menos duas ligações no meu telefone (que não tocava há semanas, embora receba dezenas ou centenas de mensagens de textos e áudios diariamente) com pedidos de jornalistas para comentar em algum veículo a ansiedade das pessoas diante da falha nas redes.

Também recentemente fui contatada por um veículo de comunicação para dar uma entrevista sobre burnout que aconteceria em uma sexta-feira às 11 horas da noite! É certo que precisei recusar o convite. Não foi por acaso que Alexandre Coimbra Amaral, meu colega de editora, escreveu um livro chamado *A exaustão no topo da montanha*,[14] que teve excelente repercussão, aliás. Estamos exaustos de produzir, de engajar, de entregar. Nossa relação com o tempo está seriamente adoecida pelo impacto da tecnologia, e desaprendemos (ou as crianças nem sequer estão podendo aprender) a esperar.

14. AMARAL, Alexandre Coimbra. *A exaustão no topo da montanha*. São Paulo: Paidós, 2021.

10

› POR QUE TAN[illegible]RESSA?

Acho que [illegible]as coisas mais sinistras da história da civiliza[illegible]dental é o famoso dito atribuído a Benjamin[illegible]klin, "tempo é dinheiro". Isso é uma monstruos[illegible]. Tempo não é dinheiro. Tempo é o tecido da [illegible]vida, é esse minuto que está passando. Daqui a [illegible]nutos eu estou mais velho, daqui a 20 minutos eu [illegible]u mais próximo da morte. Portanto, eu tenho direito a esse tempo. Esse tempo pertence a meus afetos. É para amar a mulher que escolhi, para ser amado por ela. Para conviver com meus amigos, para ler Machado de Assis. Isso é o tempo. E justamente a luta pela instrução do trabalhador é a luta pela conquista do tempo como universo de realização própria. A luta pela justiça social começa por uma reivindicação do tempo: "eu quero aproveitar o meu tempo de forma que eu me humanize". As bibliotecas, os livros, são uma grande necessidade de nossa vida humanizada.

Antonio Candido

Para que vivemos? Qual é o sentido da vida? Tudo o que sabemos, ou ao menos dizemos que sabemos, é que a única certeza que temos na vida é a de que vamos morrer. Mas é mentira, a gente não sabe mesmo que vai morrer. A gente sabe racionalmente, tecnicamente, virtualmente... e assim a gente mente. Se soubéssemos, de fato, da absurda fragilidade da vida, não a suportaríamos. Escrevo este capítulo no dia seguinte à trágica morte da cantora Marília Mendonça. Se ela soubesse, mesmo, que poderia morrer naquele avião, certamente não teria entrado nele. No entanto, também não teria entrado em nenhum e não seria quem ela foi. Não é à toa que há quem tem fobia de avião ou de elevador, por exemplo. Essas pessoas estão certíssimas. Errada estou eu, que entro em um avião como entro em uma sala qualquer.

É preciso que não saibamos minimamente da morte para que possamos gozar da vida, ou tudo se torna uma grande angústia. Quem já teve um episódio de síndrome do pânico sabe que o que se costuma sentir é uma certeza de que se vai morrer do coração, por isso, com frequência, na primeira vez que se tem uma crise de angústia ou um episódio de ansiedade generalizada, chama-se o SAMU (Serviço de Atendimento Móvel de Urgência) e investiga-se em seguida o funcionamento cardíaco. Mas a angústia vem do fato de que se sabe mesmo que vai morrer, mas não se morre. Trata-se de um nível de lucidez absurdo, terrível, que impossibilita a vida.

É preciso que não sejamos tão lúcidos para que possamos aproveitar a vida.

A ansiedade é considerada o mal do século, desdobra-se em diferentes nomes de transtornos e acomete quase todos nós em algum nível nos dias de hoje. Por que tão ansiosos? Tendo a pensar que a ansiedade é um excesso de nós, que nos leva a uma experiência ruim de solidão.

O avesso disso é o que em psicanálise se chama de desejo. Diferentemente do uso que fazemos dessa palavra na vida comum, como um sinônimo para o querer, uma equivalência para a vontade, desejo é um conceito psicanalítico que aponta para um vazio, próprio da existência humana.

Rubem Alves escreveu um belíssimo texto que nos ensina sobre o desejo, de modo poético, chamado "Receita para se comer queijo".[15] Cito-o:

> Adélia Prado me ensina pedagogia. Diz ela: "Não quero faca nem queijo; quero é fome". O comer não começa com o queijo. O comer começa com a fome de comer queijo. Se não tenho fome, é inútil ter queijo. Mas, se tenho fome de queijo e não tenho queijo, eu dou um jeito de arranjar um queijo...

Pois bem, parece-me que podemos chamar de desejo esse intervalo entre a fome de queijo e o conseguir queijo.

---

15. ALVES, Rubem. *Ao professor, com carinho*. São Paulo: Paidós, 2021. p. 85.

"Dar um jeito" pode ser um nome para o desejo. Entre querer algo e obter algo há um intervalo. Não se trata de um intervalo de espera, reduzido ao mero lugar de objeto, ainda que se espere. Mas há um intervalo que marca uma ausência e uma possibilidade que é importante de ser bem vivido. Aliás, é disso que a vida se faz, de esperas, não?

É claro que a gente chega ao mundo sem essa função, da espera. Então, quer tudo para agora, satisfação imediata. A isso Freud chamou princípio de prazer, que é o modo como nos suportamos no início. Temos que eliminar o mal-estar que sentimos, e, sem corpo, choramos, gritamos. Um outro, que chamamos de mãe, nos envolve em seu corpo, nos acolhe, nos interpreta, nos fala. Aos poucos, um bebê passa a se distrair. Com cores, com texturas, com vozes. Ele vai precisando do corpo materno com cada vez menos intensidade, porque vai se descobrindo como um corpo que encontra outras modalidades de satisfação que não apenas com a mãe. Uma brecha entre o bebê e a mãe vai se abrindo, e ali vai entrando o mundo. Clarice Lispector bem escreveu isso em uma crônica intitulada "Ideal burguês": "À medida que os filhos crescem, a mãe deve diminuir de tamanho".[16]

Entre a mãe e o filho, o mundo entra, a mãe diminui, e o filho vai, para alívio de ambos, aos poucos

---

16. LISPECTOR, Clarice. *A descoberta do mundo*. Rio de Janeiro: Rocco, 2020.

topando perder a mãe. Em outras palavras, de tantinho em tantinho a satisfação imensa que havia na relação *mãebebê* vai se transformando em relação mãe e bebê. Nesse intervalo, a mãe perde algo, a criança perde algo, o pai perde algo (aliás, pai, como função paterna, seria justamente o espaço entre mãe e bebê), e a criança vai precisando aprender a falar, inclusive.

Quer motivo maior para falarmos do que amor e solidão? Falamos porque somos sós e precisamos proferir palavras para dar notícias de nós e receber algo do outro – e também falamos justamente porque nos somos insuficientes a nós e queremos nos dirigir ao outro. Então, falar é isso, usar o vazio da boca para pedir algo que não se sabe bem o que é. Quando pedimos alguma coisa, nunca conseguimos alcançar exatamente o que desejamos, porque aquilo que coincidiria exatamente com o buraco do desejo – pasmem! – não existe. Por isso aprendemos em psicanálise que o desejo é sempre insatisfeito, na medida em que satisfazê-lo inteiramente está fora do plano da criação humana. Nesse sentido, o desejo é indestrutível. O objeto que viria a realizá-lo existe apenas no campo da fantasia.

11

› A CAIXA DE PANDORA DA LINGUAGEM

Cada palavra poética é assim um objeto inesperado, uma caixa de Pandora donde saem todas as virtualidades da linguagem; portanto, é produzido e consumido com uma curiosidade particular, uma espécie de guloseima sagrada.

Roland Barthes

Até os 2 anos de idade, minha filha dormia no escuro total, um breu, daqueles que a gente chega até a colar fita crepe nas bordas do blecaute, na tentativa de prolongar o sono do bebê (mães e pais me entenderão). Um dia, de repente, depois da história, do beijo de boa-noite, do durma-bem-você-também-até-amanhã, do nada, ela me pede: "Mamãe, você faz uma luz para mim?".

Questiono: "Ué, por quê?".

E ela me responde: "É pra eu não ver a bruxa".

Vejam que ela pede a luz para que não veja, e não para que veja. É claro! A linguagem faz existir aquilo que não existe. Sem o aparelho da linguagem, o escuro seria apenas a ausência de luz (na verdade o escuro nem sequer existiria, já que a noção de escuro já é efeito da linguagem). Mas, com o refinamento da linguagem, o escuro é terreno fértil para a imaginação. Nele pode ter bruxa, lobo, fantasma... e nada disso. Por isso ela pede uma luz para não ver o que não tem. Não é paradoxal isso? Que a gente queira a luz para não ver, e não para ver?

A partir da inscrição na linguagem, então, não ficamos mais sozinhos, uma vez que estamos sempre com nós mesmos. Pensando, fantasiando, imaginando, calculando, matutando. Às vezes, quando há silêncio entre duas pessoas, uma pergunta à outra: "O que você tá pensando?". Ao que a outra responde, com frequência: "Nada". É certo que ou não quer dizer o que está pensando ou tem preguiça de dizer o que está pensando, porque estamos sempre pensando em alguma coisa. Há quem eleve esse pensamento incessante ao nível do sofrimento e não consiga parar de pensar em coisas específicas, há quem fique imaginando coisas que poderiam acontecer, respostas que poderia ter dado em discussões que, por vezes, nem sequer ocorreram. Nossos pensamentos nos seduzem, nos absorvem, e, de vez em quando, se colocam como uma barreira na relação com outras pessoas.

"O pensamento é o ensaio da ação", escreveu Freud. É comum que a gente primeiro planeje, imagine, deseje. Gosto muito de um termo contemporâneo para isso, que é "fanfic". Trata-se, se entendi bem o conceito, da capacidade que temos de encontrar satisfações criando historinhas em nossa cabeça, que às vezes podem até mesmo ser compartilhadas nas redes sociais. Um devaneio, nos termos de Freud. Esses devaneios, essas coisas que a gente imagina e cria na mente, são infinitos. Se tenho uma festa programada, posso imaginar que vou sozinha ao evento e será divertido porque vou conhecer muita gente e fazer novos amigos, posso imaginar que vou encontrar o grande amor da minha vida e não vamos nos desencontrar a noite toda, posso imaginar que depararei com uma inimizade antiga e lavaremos roupa suja... Enfim, são inúmeras as possibilidades de acontecimentos que a linguagem nos permite inventar. Mas, de todas as possibilidades, são *pouquississississíssimas* as que acontecem. Todo o resto fica de fora. Assim, por mais que eu tenha uma ótima experiência na festa, no fim das contas, deparo com certo vazio, que aponta para o impossível de satisfazer plenamente o desejo. No fim da festa estamos sempre com nós mesmos e os nossos vazios, por mais incrível que o evento tenha sido. E sabemos que nem toda festa é incrível, além de que nem tudo é festa...

Por isso a linguagem é uma caixa de Pandora. Na mitologia grega conta-se que Pandora era uma mulher criada por Hefesto para Zeus se vingar da humanidade (isso porque o titã Prometeu tinha revelado aos homens o segredo do fogo). Pandora carregava consigo uma caixa que jamais deveria ser aberta, ordem a que ela, curiosa, desobedece. Assim, liberta da caixa males desconhecidos pelos seres humanos, tais como mentira, discórdia, guerra, ódio. Percebendo o erro, ela fecha a caixa, mas deixa ali dentro a esperança, o que pode indicar que a esperança está guardada, sempre à disposição – ou que a esperança ficou trancada, e que a humanidade carece dela.

É interessante destacar que a palavra esperança é uma tradução possível de *elpis*, do grego, que também pode ser traduzida como "expectativa", uma palavra que tem sido amaldiçoada atualmente. As sugestões de felicidade contemporânea nos insinuam que não devemos criar expectativas, uma vez que seriam elas as responsáveis pelas nossas frustrações. Nesse sentido, o ideal seria que vivêssemos sem imaginar, sem criar *fanfics*, sem esperança – e o que viesse da vida, então, poderia ser mais bem aproveitado, uma vez que a realidade não seria decepcionante.

Daí vale depreender dois pontos:

1. Com raras exceções que devem ser comemoradas, a realidade é decepcionante! Uma vez que o vazio do desejo nos leva a uma fértil criação, a realidade, limitada, não pode dar conta de nos satisfazer tanto assim. Por isso, nossas experiências com a vida deixam sempre um resto que não se satisfaz, um tom a menos de satisfação do que gostaríamos. A pegada da vida é justamente essa, poder fazer disso causa de desejo, e não de sofrimento. Explico: ao encontrarmos uma frustração, em vez de lamentar a realidade, é mais interessante quando podemos endereçar essa energia para a próxima atividade. No entanto, no funcionamento neurótico, nos fixamos na frustração, que é um lugar quentinho e conhecido (o que costuma parecer mais seguro do que o desconhecido risco de encontrar outra coisa).

2. A gente não vive sem criar expectativas. Sem expectativas não há motivos para sair de casa, não escovamos nem os dentes, nem sequer abrimos os olhos. É disso que se faz a vida, de expectativas – um nome para a fantasia, talvez! A gente vive porque espera algo da vida. Ama porque espera algo do ser amado. Trabalha porque espera algo do nosso esforço. Expectativa e esperança têm uma relação etimológica com espera, que é bem

> o que se aprende a fazer nos caminhos do que chamamos de desejo, em psicanálise.

É de aprender a esperar que se faz uma infância, que se faz uma vida. Mas não um aprender a esperar no sentido de ficar paralisado, mas no sentido de poder gozar desse tempo de espera. No fim das contas, a vida nada mais é do que o tempo que a gente tem enquanto espera a morte. É melhor que possamos fazer bom uso desse tempo de espera.

Gosto muito do termo "felicidade clandestina", que Clarice Lispector utiliza em seu conto de mesmo nome. Nesse texto, Clarice se torna uma menina que, ansiando pelo amanhã, quando poderá ler um livro muito desejado, escreve: "Até o dia seguinte eu me transformei na própria esperança da alegria: eu não vivia, eu nadava devagar num mar suave, as ondas me levavam e me traziam".[17] O conto (que é lindíssimo, eu sugiro que leiam se ainda não o fizeram e que releiam já o leram) segue com a menina, que não consegue o livro, então volta no dia seguinte à casa da menina que iria lhe emprestar o livro, mas não empresta – e no outro e no outro, aos poucos transformando seu entusiasmo da espera em angústia. É que convém pôr um limite no desejo, que, sem encontrar satisfação, mesmo parcial (a única possível), avinagra o vinho. Quem nunca viu

17. LISPECTOR, Clarice. *Felicidade clandestina*. Rio de Janeiro: Rocco, 2020.

uma criança que espera, espera, espera, até que, diante da demora excessiva, se põe a chorar? Ou mesmo um adulto, que, com uma e outra e mais uma e mais outra frustração, "de repente" se fez o copo que transborda? Quem vê de fora alguém se descontrolar com determinada situação pensa que é desproporcional uma reação de agressividade ou de choro, mas quem a vive, por vezes, só não aguentou mais ali naquele momento uma série de frustrações anteriores. Precisamos de algum tipo de satisfação. Aquilo que não encontramos pela via do prazer, encontramos pela via do sofrimento.

Bom, mas o conto segue com a pequena menina, finalmente, conseguindo o livro desejado, o que a leva a uma tentativa de postergação da imensa alegria que sente ao ter em mãos o objeto. Então, Clarice escreve:

> Chegando em casa, não comecei a ler. Fingia que não o tinha, só para depois ter o susto de o ter. Horas depois abri-o, li algumas linhas maravilhosas, fechei-o de novo, fui passear pela casa, adiei ainda mais indo comer pão com manteiga, fingi que não sabia onde guardava o livro, achava-o, abria-o por alguns instantes. Criava as mais falsas dificuldades para aquela coisa clandestina que era a felicidade.

Eis uma bela explicação sobre o desejo. Lacan afirma que o desejo é desejo de desejo, colocação essa que parece enigmática, mas que Clarice faz um uso literal de seu nome e a clareia. Vemos no conto que, ao postergar a realização do desejo, que seria, finalmente, ler o livro, a menina encontra certa felicidade. Desejo é desejo de desejo na medida em que desejar nos satisfaz. O desejo é um buraco ao contrário, que, quanto mais tentamos tamponar, mais abrimos.

Você já deve ter ouvido falar que "o melhor de uma viagem é esperar por ela" ou que "o melhor de uma viagem é voltar para casa". Tais frases apontam para a imensa satisfação que há em torno de uma realização propriamente dita. Quem não tem casa não viaja, e quem simplesmente viaja, sem espera, geralmente é por algum imprevisto indesejado.

12

› O AMOR PRECISA DE TEMPO

Alice suspirou cansada. "Acho que você poderia aproveitar melhor o seu tempo", disse, "em vez de desperdiçá-lo propondo charadas que não têm resposta". "Se você conhecesse o Tempo como eu conheço", disse o Chapeleiro, "não falaria em desperdiçá-lo como se fosse uma coisa. É um senhor".

Lewis Carroll

Vivemos um tempo em que queremos tudo para antes de ontem, em que vivemos o período de espera como crise de ansiedade. Estamos entupidos de telas porque as usamos em todos os lugares. Três pessoas na fila da padaria? Dá-lhe rolar a tela no telefone. Sinal vermelho?

Dá-lhe responder uma mensagenzinha. E, assim, sem deixar espaço entre uma atividade e outra, sem fazer nascer intervalos, tudo o que encontramos corre o risco de ser puro desencontro.

Geralmente, a paixão acontece primeiro, e só depois vem o amor – ou a coisa termina. A paixão combina com nosso ritmo frenético e ensimesmado de vida, porque é também frenética e narcísica. Na paixão a gente se sente identificado com o outro, a gente se sente conectado. É frio na barriga, é borboleta no estômago, é vida com cores e purpurina. Na paixão somos crianças ganhando o presente que pedimos ao Papai Noel. Há coincidências e fogos de artifício. Com frequência também há tormentos, insônia, crise de ciúmes, insegurança – porque tudo é demais. Gostoso demais, intenso demais. E, como tudo o que é demais, não há força para durar tanto. Vinte e quatro meses, quarenta e oito, seja lá quanto tempo os especialistas afirmam que isso dura, tem um limite que não é tão longo assim. Paixão é gozo.

Talvez pudéssemos dizer que a paixão é o amor em seu estado máximo, o orgasmo do amor. Na língua francesa, a palavra orgasmo se diz *petit-mort*, pequena morte. Lacan afirma, no livro 10 de O *seminário*:[18] "O orgasmo, dentre todas as angústias, é a única que realmente acaba". Paixão é coisa boa, mas precisa acabar. Ou melhor, paixão só é boa porque acaba. É só quando

---

18. LACAN, Jacques. O *seminário, livro 10*: a angústia. Rio de Janeiro: Zahar, 2005. p. 262.

acaba que sabemos se a coisa vai ou não andar, se vai ou não se transformar em amor. Dizem que não sabemos se um casal ficará junto até que a primeira briga aconteça. É claro que isso é um baita clichê, mas acho que se examinarmos seu entorno com cuidado podemos extrair saberes interessantes dos clichês!

Se na paixão encontramos aquilo que supostamente queríamos, isso não acontece sem a nossa parte criativa bastante animada. Sim, estou dizendo que nós inventamos a pessoa amada. As lentes da paixão beiram o delírio e nos permitem olhar para o outro com uma gentileza que quase rompe com a realidade. Porque na paixão idealizamos o outro, não a partir dele mesmo, mas a partir daquilo que gostaríamos que ele fosse. Mas, se tudo funciona bem, o outro cai do pedestal que lhe oferecemos e demonstra sua preferência por vestir sua própria pele, em vez da fantasia que costuramos para ele. E é quando algo do outro pode aparecer que temos notícia da falta, que nos traz nossa companhia maior na vida: a solidão.

Aqui peço que você siga sua leitura sem deixar seu entusiasmo cair, caro leitor, cara leitora! Pensando bem, talvez seja bom deixar seu entusiasmo cair um pouco, sim, porém não tanto. Porque as coisas precisam cair. Mesmo a paixão precisa cair para se transformar (ou não) em amor. O amor é o resultado de uma queda não tão brusca assim. Talvez o amor seja quando colocamos alguns edredons embaixo do precipício e assim suportamos deixar a paixão cair. Assim, a paixão cai, mas nós não caímos junto, ainda que soframos alguns efeitos da queda. Quando a paixão cai, tendemos a dizer para o outro coisas como: "Você me enganou", "Eu não esperava isso de você", como se o outro devesse a nós ser aquilo que ele não é, o que com alguma frequência ele nem sequer disse ser. É aí que voltamos ao problema das expectativas. "Ah, se eu não tivesse criado expectativas não teria me frustrado", dizemos ou pensamos. E é bem verdade. Mas será que a gente não resiste à frustração de ver nossas expecativas ruindo?

13

› ELOGIO À INFELICIDADE

Nada é mais difícil de suportar
que uma sucessão de dias belos.

Johann Wolfgang von Goethe

Freud afirma que a gente só conhece a felicidade de maneira episódica. Não é preciso ler Freud, aliás, para saber que só conhecemos uma coisa em contraste com outra. Sem diferença nada existe. De outra maneira, ainda, toda regra tem sua exceção.

Me lembro de certa vez ter ido a um banheiro em um bar onde se lia numa placa: "É proibido lavar os cabelos na pia". Ao ver a placa pensei: "Ora, mas quem lava os cabelos na pia de um bar?". Certamente alguém o fez, ou isso não teria virado regra.

Colocando de outro modo: se o mundo inteiro fosse azul, não saberíamos que o azul é azul! O que nos permite ver as cores é que elas são várias. Assim é com os antônimos. "Baixo-cima", "gordo-magro", "subir-descer", "dormir-acordar" e mesmo "morte-vida", "felicidade-infelicidade". Para conhecermos a felicidade, portanto, é preciso que conheçamos a infelicidade. Assim, a infelicidade não é de todo mal, longe disso, é o que torna a felicidade possível!

Freud afirma – e eu gosto muito dessa afirmação – que o que uma psicanálise pode fazer por alguém é transformar o infortúnio neurótico em uma infelicidade comum. Com isso, aponta para uma infelicidade que é trivial, banal, corriqueira, ordinária, que faz parte da vida. Acontece que, com frequência, a gente se apega à infelicidade e se apaixona pelos nossos monstros.

Começa a coçar a picada de butuquinha, coça um pouco mais, então pensa que vai coçar só mais um pouco e, quando se dá conta, se fez sangrar. Dá uma "stalkeadinha" inocente, outra amadora e acaba por se doutorar na vida alheia. Tagarela infinitamente sobre superficialidades e mazelas inalteráveis, mas deixa crescer o silêncio absurdo em torno daquilo que importa de verdade. Começa a odiar um pouquinho, por um motivo plausível, se empolga com a satisfação de odiar e logo mais está torcendo pelo pior do outro, para odiar mais, com mais motivos e argumentos. A gente flerta com os nossos monstros, mas não os convida para tomar um chá, um café, uma cerveja, e em vez disso os enfiamos dentro do armário, goela abaixo, ali onde eles ficam intocáveis e inalterados, ou melhor dizendo, protegidos. A isso Freud chamou pulsão de morte. Trata-se do lugar em nós pelo qual nos apaixonamos e que guardamos lá no fundo, para nós e mais ninguém, exceto o bolor.

Diferentemente de Freud, que desenvolve a ideia de que a infelicidade é mais fácil de ser experimentada do que a felicidade, Lacan afirma que o sujeito é feliz. Isso porque a gente se satisfaz com tudo. Quem nunca escutou ou participou de uma conversa em que as pessoas parecem competir para ver quem é que sofre mais? "Nossa, meu parto foi sofrido, durou doze horas." "E o meu, que durou dezessete horas?" A gente goza com o sofrimento, exibe nossa satisfação em ter *um a mais* em relação ao outro, mesmo que seja *um a mais* de sofrimento.

Assim, a gente se satisfaz com tudo: se come, se satisfaz com a comida; se não come, se satisfaz com a fome; se consegue o emprego almejado, se satisfaz com ele; se não consegue, afoga as mágoas se satisfazendo com bebida. A isso Lacan chamou gozo: há satisfação sempre, ainda que nem sempre haja prazer, e isso nos persegue.

Prazer e desprazer não são tão distantes assim e talvez a palavra desprazer contenha a palavra prazer não por acaso. A clínica da dor, por exemplo, é uma clínica absolutamente subjetiva. O médico precisa nos perguntar: “Numa escala de 0 a 10, quanto dói?”. Ninguém alcança a nossa dor, a não ser que a digamos – e ainda aí o outro não alcança a nossa dor, mas pode vir a tocar em algo dela. Coçar a picada da butuquinha é ruim, mas é bom, tirar a casquinha do machucado nos dá sua parcela de satisfação, chorar um choro bem chorado depois de muitos engolidos também pode aquecer o coração. A música popular bem sabe quanto esses excessos nos tocam, e na nossa língua portuguesa temos uma ótima palavra para isso: sofrência. Marcos & Belutti e Wesley Safadão fizeram uma canção sobre “o gozo” em “Aquele 1%”. Eles cantam sobre alguém que é 99% anjo, mas que faz sucesso por aquele 1% que é vagabundo. Por quê?

14

› AMAMOS AQUILO QUE NOS INTERROGA

Eu antes tinha querido ser os outros para conhecer o que não era eu. Entendi então que eu já tinha sido os outros e isso era fácil. Minha experiência maior seria ser o âmago dos outros: e o âmago dos outros era eu.

Clarice Lispector

Uma amiga minha, que trabalha há muito tempo com recrutamento e seleção em uma empresa, "dando match" entre pessoas e vagas, ou melhor dizendo, achando pessoas que caibam na descrição das vagas, estava "em busca" de um namorado e me perguntou se eu teria um amigo para recomendar. Embora ela tenha perguntado em tom de brincadeira, afinal de contas, achar pessoas para as vagas é o trabalho dela, nós bem sabemos que "toda brincadeira tem um fundo de verdade", como afirma o dito popular. Para reafirmar a freudiana que sou, podemos citar o pai da psicanálise, que em um livro chamado *Os chistes e a sua relação com o inconsciente*[19] explica por que fazendo uso do humor podemos dizer verdades que não seriam bem recebidas sem ele. E a verdade é que é mesmo disso que se trata, com frequência, na experiência de vida neurótica. Vive-se buscando alguém para preencher uma suposta vaga.

O problema, no entanto, não está no fato de que muitos não encontram alguém para a vaga, mas, especialmente, no fato de que, quando encontramos esse alguém, acontece com frequência de ele não nos interessar. Por quê? É que "aquele 1%"...

A gente não concorda com a gente. É isso que Freud postula quando desenvolve a noção de inconsciente. O eu não é senhor em sua própria casa, ele afirma.[20] Dito de outro modo, pensamos que decidimos conscientemente aonde ir, onde morar, onde trabalhar, mas o amor, por exemplo, é o campo do escancaramento do registro do inconsciente. Pode-se gostar de alguém, ou mesmo amá-lo, mas não sentir tesão. E pode-se ter

---

19. FREUD, Sigmund. *Os chistes e a sua relação com o inconsciente* (1905). Rio de Janeiro: Imago, 1996.

20. FREUD, Sigmund. Uma dificuldade no caminho da psicanálise (1917). *In:* ______. *Uma neurose infantil e outros trabalhos* (1917-1918). Rio de Janeiro: Imago, 1996.

tesão por alguém de quem não se gosta. Costumamos chamar isso de química, um não-sei-o-quê que ora comparece, ora se ausenta, sem que tenhamos bússola para prever. Em tempos em que tantos encontros se dão primeiramente de modo on-line e só depois fisicamente, sabemos bem quão corriqueiros são os encontros com o desencontro!

Cheiro, por exemplo. Tá aí uma coisa que temos imensa dificuldade de explicar. Como se explica um cheiro? Por vezes, o cheiro de alguém nos instiga ou nos faz repudiar o outro, sem que sequer saibamos que o motivo foi o cheiro. Tantas outras vezes, conseguimos ler que há algo do cheiro em jogo, mas não sabemos explicar.

Marco Antonio Coutinho Jorge desenvolve uma ideia do Freud, no livro *Fundamentos da Psicanálise 1*, em que ele se refere à passagem do instinto à pulsão, passando pela perda da nossa intimidade com o olfato. De maneira resumida, o que ele destaca, seguindo a teoria freudiana, é que na evolução da espécie humana, passamos da nossa locomoção de quatro apoios para dois, na medida em que nos tornamos bípedes. Assim, teríamos perdido o olfato, que guiaria a vida animal, e o haveríamos deslocado para os olhos. Somos, desde então, cada vez mais visuais e menos olfativos. Com o advento da revolução tecnológica, mais ainda. Convocados a sermos voyeurs da vida alheia, inicialmente com os reality shows e mais recentemente com as redes sociais onde muitos compartilham o passo a passo de seus dias, assistimos à vida do outro e expomos a nossa. Ora voyeuristas, ora exibicionistas.

O cheiro, contudo, até o momento não pode ser compartilhado, pouco é discutido e talvez seja um dos únicos aspectos da vida humana que ainda não foi capturado pelos algoritmos. Vale dizer que gozamos do cheiro com muita voracidade. Cheiro de bebê, por exemplo? Certamente se não fosse isso haveria muito mais depressões pós-parto. Cheiro de terra molhada, cheiro de carro novo, cheiro de banho, cheiro do pescoço da pessoa amada. Poucas coisas na vida são tão intensas quanto o cheiro.

O contrário também vale. Já lhe aconteceu de não gostar do cheiro de alguém? Assim, simplesmente por não gostar? Somos únicos em nosso cheiro, um mesmo perfume não tem a mesma fragrância em diferentes pessoas. Pela breve pesquisa que fiz aqui, a ciência aponta que há relação com o DNA, mas como psicanalista sou incapaz de pensar que os cheiros, por si só, determinem algo, embora eles possam causar alguma coisa.

Os cheiros de café passado, de alho frito, de banho tomado costumam ser agradáveis porque há uma narrativa que os sustenta como tais. É perfeitamente possível que alguém não goste de um desses cheiros porque teve uma experiência ruim envolvendo-os, por exemplo. Não se trata de um determinismo fechado.

É interessante que a gente use a expressão "cheiro de" alguma coisa para nos referir a algo que intuímos. Dizer que algo "cheira mal", por vezes, significa que estamos lendo que tem algo errado, mas ainda não sabemos o quê. Quem sabe seja um modo de expressar o saber inconsciente, no sentido daquilo que, por vezes, pescamos de uma determinada situação, mas sem nos dar conta do quê.

O termo "intuição" é usado para isso muitas vezes. Penso que se trata de um modo de explicar que sabemos de algo sem saber que sabemos, ou que sabemos de algo sem saber como. É claro que isso sempre pode ser confundido com paranoia, com delírio, com fantasia. Mas às vezes está mesmo articulado a algo da realidade.

Ao começar seu processo analítico, uma mulher que buscou ajuda quando o marido, com quem havia sido casada por várias décadas, a deixou para ficar com uma amante, logo se deu conta de que apenas na aparência não sabia da traição. Ao se aprofundar em sua história percebeu que sabia exatamente o momento em que o marido havia se apaixonado, por ter notado uma mudança substancial no modo de ele viver. Antes cabisbaixo, a partir de certo ponto o homem passou a viver animado e a tratar a esposa muito melhor do que o habitual, o que a fez pensar que poderia se tratar de culpa. Mas, não podendo se separar do marido na época, recalcou aquilo que lia da situação e acreditou que acreditava na mudança repentina do marido. Quando o marido a deixou para ficar com a amante, ela sentiu a notícia como um soco no peito e sofreu muitíssimo, mas com certeza num tom a mais porque inconscientemente se sentia culpada: por ter percebido e nada feito com isso.

Mas por que alguém faria isso consigo mesmo? Não teria sido mais fácil que essa mulher jogasse limpo com o marido, conversasse abertamente a respeito da situação e junto dele decidisse já o que fazer? É claro que sim, mas a neurose caminha pela trilha do inconsciente, lá onde a gente não concorda com a gente mesmo. Um processo analítico bem servirá para descobrirmos o que nos leva a optar por traçar o caminho "mais difícil". Coloco aqui aspas porque a questão é complexa, há várias camadas a serem analisadas. Uma delas, por exemplo, é o fato de que essa mulher dependia financeiramente do marido. Separar-se dele implicaria muito especialmente em separar-se de quem ela era até então. Separar-se, para ela, seria enfrentar a queda de um modelo de feminilidade que ela acreditou poder sustentar toda uma existência.

Os encontros amorosos não são encontros que se concluem, mas que ficam se ressignificando de maneira contínua. Cazuza nos explica nessa afirmação: "O nosso amor a gente inventa pra se distrair/ E quando acaba a gente pensa que ele nunca existiu". Tendemos a pensar que, quando o amor acaba, encontramos a confirmação de que não houve amor. Assim, talvez relutemos mais do que o necessário para reconhecer o fim do amor, na tentativa de manter a ilusão de que amor não acaba.

15

› O AMOR ACABA

... e os amores são como os impérios:
desaparecendo a ideia sobre a qual
foram construídos, morrem junto com ela.

Milan Kundera

Nossas teorias piegas e por vezes preguiçosas de leituras da contemporaneidade nos levam a queixas generalizadas, tais como "ninguém quer nada com nada", "hoje em dia ninguém quer coisa séria" etc. As teorias de Zygmunt Bauman sobre o amor líquido e a modernidade líquida parecem ter sido incorporadas por muitos de nós como explicação para tudo, em certa preguiça existencial. Há quem se queixe de que o bom era antes, quando as famílias eram consistentes, numa nostalgia surpreendente. Como se em algum momento famílias não tivessem sido uma instituição produtora de certo nível de sofrimento.

Fazendo uma alusão ao caso da mulher que sabia da traição do marido, mas não podia saber que sabia: será que teríamos essa situação se ela não dependesse financeiramente desse homem? É claro que isso é impossível de saber, mas o que pretendo destacar aqui é que os avanços femininos na cultura certamente ofereceram uma cota de liberdade muito importante para que o casamento e a maternidade não fossem os únicos destinos de uma mulher. Mexer do lado da mulher implica necessariamente em mexer do lado do homem.

Lacan, ao postular que "a relação sexual não existe", o faz no sentido de que acreditar no contrário seria recair no campo da completude. A ideia de que homem e mulher se complementam é justamente uma das sustentações da fantasia amorosa de completude. Se homem e mulher não se complementam, no entanto, isso não quer dizer que eles não se relacionem. A queda de significações de um lado tem efeitos do outro lado.

É comum que quando um dos parceiros comece um processo de análise ou de psicoterapia o outro se coloque avesso ao trabalho, como se tivesse ciúme do terapeuta, da analista ou mesmo de Freud. É frequente também certa ideia de que, quando um dos parceiros começa a análise, em seguida termina o namoro, o noivado, o casamento. Daí que a segunda enunciação explica a primeira. De certo modo, se o parceiro sente ciúme do analista, é porque sabe que ele mesmo não sairá ileso do processo – que, a princípio, nem é seu, mas passa a ser, em algum nível. Esse ciúme da análise do outro não é sem fundamento: quem faz análise se separa, sim. Mas se separa do quê? Essa é a questão. Às vezes, inclusive, é preciso se separar para continuar junto. Não se trata necessariamente de um rompimento ou de um divórcio, mas da separação de uma determinada maneira de se relacionar.

A gente chega no amor querendo ser amado pelo outro. Lacan afirma que amar é querer ser amado. Assim, vemos como são amáveis as crianças pequeninas, por volta dos 2, 3 anos, quando se constitui seu primeiro narcisismo. Elas se colocam como objeto que completaria o outro. A mãe diz que fica triste se a criança não a ajuda com certa atividade, e pá!, o filho se lança a fazer o que a mãe quer. Pensamos que somos o objeto que deixa o outro feliz e satisfeito, como se o outro fosse uma rosquinha, cuja falta pudesse ser tamponada. Entretanto, a criança vai caindo dessa posição à medida que ela vai descobrindo que a mãe segue sempre com certa insatisfação. Não importa o que o filho faça, seus pais estão sempre lhe demandando outra coisa. Essa é a mola propulsora do desenvolvimento infantil.

Primeiro se demanda que a criança mame, depois que pare de mamar, que coma, que pare de comer, que faça xixi e cocô na fralda, que pare de fazer na fralda e passe a usar o banheiro, que fale, que leia, que escreva, que faça cálculos... e assim vai. Essa demanda incessante do outro leva a criança a evoluir e a se tornar um ser humano falante e inserido na cultura, mas também neurótico, uma vez que se aliena à demanda inesgotável do Outro,[21] que depois se pulverizará em muitos outros além dos pais: os professores, os amigos, o social. É assim que se forma o que Freud chamou de Supereu, essa instância psíquica em nós que é uma espécie de internalização da demanda do Outro. E não se trata, então, de um Outro que está necessariamente fora de nós, mas da existência desse lugar de exigência em nós mesmos.

Por isso será de extremo valor que a criança possa descobrir, ainda na infância, que ela não é a única razão da vida de seus pais – aliás, é melhor que não o seja. Será saudável que ela descubra que em certa medida o outro está sempre insatisfeito, sem que dependa dela a solução disso. Em outras palavras, o outro é uma rosquinha com um pequeno furo redondo e a criança é uma baita quadradão: não encaixa ali. Ou, em termos lacanianos, a relação sexual não existe.

---

21. Destaco esse Outro com letra maiúscula porque não se trata de um ou dois outros ou de alguém em específico, mas de uma instância que se dissipa em várias pessoas, seguindo os pressupostos lacanianos.

Esse desencaixe se repetirá em todas as nossas vivências no campo do amor. Certo desentendimento e algum desencontro serão para sempre nossa companhia. É isso que neste livro estou chamando de solidão: essa nossa constante parceria com algum desencaixe, essa mania que temos de não nos deixar engolir completamente pelo outro, essa ancoragem que temos em nosso corpo, ainda que o do outro seja altamente sedutor (ainda bem).

Quando temos o luxo de não saber demais desse desencaixe, dizemos amar alguém. O amor é cego, não é isso que dizemos? Mas cego para o quê? O amor é cego para esse desencaixe. Por isso ele nos engana e nos leva a "passar pano" para o outro, a olhar esse outro com certos ares de invenção.

Marília Mendonça, em uma música muitíssimo conhecida, cantava: "Me apaixonei pelo que inventei de você". O amante é mesmo um inventor do amado. Escuta o outro para além e aquém do que ele disse, interpreta-o muito melhor do que quem não o ama, é gentil no modo de olhá-lo. O amor tampona a falta, não quer saber do nosso desencaixe mais fundamental, e bem por isso nos coloca um tanto a andar nas nuvens!

É uma espécie de loucura, o amor, ainda que seja uma loucura socialmente aceita. Como já disse anteriormente, no entanto, é uma loucura menos louca que a paixão, porque deixa algo do amado entrar, há certa relação com a realidade. Na paixão a gente não sabe nada do desencaixe, no amor a gente sabe um pouco dele, mas não tanto. E, no final, a gente não consegue fazer outra coisa, senão saber do desencaixe.

Se com frequência a gente não sabe dizer quando o amor começa (da paixão, sim, há quem possa localizar o início), dizer quando o amor termina parece possível. Olha-se para a pessoa com quem se conviveu por meses, anos ou décadas e, de repente (claro que não é de repente, mas assim parece ser): nada acontece.

O ex-amante olha para o ex-amado e vê exatamente aquilo que o outro é. Uma pessoa cheia de furos, falhas, poros, dissimetrias, excessos narcísicos, que antes eram relevados, mas que agora são imperdoáveis. A partir desse ponto o ex-amante já não será mais o mesmo, estranha quem começa a ser e estranha a pessoa que era antes. Será preciso um trabalho de luto para elaborar a perda do amor e da imagem de si mesmo que se abalou.

16

› COMO ASSIM O AMOR ACABA?

de fato, não há qualquer
chance:
estamos todos presos
a um destino
singular.
Charles Bukowski

A gente se constitui a partir do olhar do outro, como vimos no capítulo 5. Assim, não somos sem outro, ou seja, não há uma essência puramente nossa, que seja absolutamente independente de quem é o outro. Com alguns grupos de amigos é uma característica nossa que se evidencia, com a família é outra, e, ainda que um mesmo traço nosso se acentue em diferentes grupos, ele não existe sem a presença de algum outro. Quando perdemos alguém, então, não perdemos bem esse alguém fora de nós, mas perdemos muito especialmente quem éramos para o outro – e, ainda, a imagem que tínhamos de quem éramos para esse outro.

Aqui não se trata apenas da perda por morte, que é a perda mais drástica e inegociável, mas da perda do amor. Perder alguém enquanto se ama esse alguém é perder um alguém, e não o amor que se tem. Aliás, quando alguém que amamos morre, tendemos a preservar esse amor, e daí advém o sofrimento: de um afeto que se mantém sem destinatário. Por isso o luto vai acontecendo muito aos pouquinhos; o afeto se mantém ali presente, inalterado, às vezes até mais vivo do que antes.

Quando perdemos o amor por alguém vivo, entretanto, é uma perda dupla, porque perde-se o amor e perde-se, de certo modo, esse alguém. Digo de certo modo porque o alguém perdido é o alguém que foi idealizado por nós. O alguém da realidade que fica costuma ser demasiadamente repulsivo no fim do amor.

Há, ainda, um outro problema, que é quando o amor acaba para o outro que está com a gente, mas não com a gente. E aí com frequência recaímos no campo do abandono, mesmo que não sejamos abandonados.

Não é que o amor acabe, mas é que o amor pode acabar, e então, muitas vezes, o amor acaba.

Paulo Mendes Campos, autor mineiro, tem uma crônica belíssima chamada "O amor acaba", que, se você não leu, eu não apenas sugiro que leia, mas também lhe peço: faça isso por você, leia essa crônica (no Google você encontra vários sites que a contêm na íntegra) na qual ele escreve lindamente sobre esse sem sentido absurdo que é a morte de um amor. Que um amor acabe, por si só, já é incompreensível, mas ainda mais é o fato de o amor muitas vezes acabar para um e não para o outro. É injusto que um queira insistir na relação que já não existe, porque algo do outro já não está mais ali.

Em 1907 uma pesquisa feita por um médico escocês chamado Duncan MacDougall foi publicada no *Journal of the American Society for Psychical Research*, organização norte-americana voltada ao estudo de fenômenos paranormais, sustentando a hipótese de que uma alma pesaria 21 gramas. Nessa pesquisa, o médico tentou comprovar que, ao morrermos, instantaneamente pesaríamos 21 gramas a menos, o que corresponderia ao peso de uma alma. Embora a pesquisa seja muito falível em seu método, essa ideia do peso da alma se difundiu.

Bom, isso tudo para dizer que, quando o amor morre em alguém, talvez essa pessoa pese até menos, no sentido de que o amante está morto. O que fica ali é outra pessoa, o amante morreu.

É muito injusto, mas é assim que acontece, e acontece muito, porque, com frequência, morre um amante (não no sentido literal), mas não morre o outro. Pode-se passar do amor à indiferença, uma morte pacífica, sem dor, quase como a realização do sonho neurótico que temos de "morrer dormindo", de um belo dia apenas não acordar. O outro, porém, por vezes sente muita dor.

Sabemos, por exemplo, que a dor de amor é física. É claro, toda dor é física e não há dor que não seja psíquica, em algum nível. A clínica da dor necessariamente passa pela interpretação daquele que a sente. Um médico não tem como saber da nossa dor, mesmo que ela seja bastante palpável, como a dor de quebrar uma perna, a não ser pelo relato do seu paciente. Por isso os médicos costumam perguntar sobre a dor para ter notícias dela.

E como dói a dor de amor! Ou melhor, a dor de desamor, ou, ainda, a dor de ser desamado. Você se lembra da primeira vez que sentiu isso? Talvez tenha sido ali na adolescência. Parece insuperável. Alguém precisa nos lembrar a famosa frase: "Ninguém morre de amor". Mas e de desamor, será que se morre? Bom, nos casos mais comuns, certamente não. Fazemos um trabalho de luto e depois nos lembramos da experiência de dor como se ela tivesse sido um verdadeiro exagero. Claro, depois que já passou, sabemos que passa. Mas, até isso acontecer, só acreditamos que passa, ainda não sabemos que vai passar.

Em seu romance *Dias de abandono*, Elena Ferrante conta da absurda dor de uma mulher que foi deixada pelo marido. O marido não foi apenas embora, o que já seria imenso, mas foi embora para ficar com outra mulher. Essa talvez seja uma das maiores tragédias na fantasia das mulheres: ser trocada por outra. Vamos falar primeiramente do medo do abandono, que chega à vida junto com a gente.

17

› O MEDO DO ABANDONO

E a minha mãe ria amargamente dos amargores daquela história e de outras, todas iguais, que ela conhecia. As mulheres sem amor dissipavam a luz dos olhos, as mulheres sem amor morriam vivendo. Dizia assim enquanto costurava por horas e ao mesmo tempo cortava os tecidos sobre os corpos de suas clientes que no final dos anos sessenta ainda encomendavam roupas sob medida. Relato e difamação e costura: eu escutava. A necessidade de escrever histórias eu descobri ali, embaixo da mesa, enquanto brincava.

Olga, personagem de Elena Ferrante

Como conversamos ali nos primeiros capítulos, chegamos à vida cedo demais, e por isso imaturos. O bebê humano nasce pronto para morrer. Nasceu? Deixa ali que já morre. Uma mãe aparece sendo uma pessoa (que não necessariamente é a mãe biológica nem mesmo uma mulher) que acolhe esse bebê, o toma para si e decide que, no que depender dela, vai morrer, sim, já que somos todos mortais, mas vai demorar o máximo de tempo possível. Para o bebê recém-nascido não há opção: ou ele é cuidado e acalentado por alguém, ou não há vida. A vida é tão frágil, aliás, que, mesmo quando há mãe, amor e tudo o mais, ainda assim, segue frágil. Aos poucos a criança vai se ancorando na vida, vai "vingando", como diziam antigamente, e se tornando mais forte. No entanto, nossa chegada ao mundo tem essa premissa: somos seres radicalmente desamparados. É o outro, com seu amor, seu leite, sua decisão, que faz furo nesse desamparo e assim nos liga à vida, a nós mesmos, ao resto das pessoas.

A experiência psicanalítica nos ensina que aquilo que vivemos não vai embora de nós. Altera-se, é claro, com as novidades que nos chegam, mas ao mesmo tempo segue nos habitando. Assim, podemos dizer que essa vivência de desamparo está sempre conosco, ainda que a gente consiga não olhar de frente para ela. Talvez nada seja mais humano do que o medo de perder o outro, ou melhor, o medo de se perder perdendo o outro.

Por isso será de grande valor que a criança vá, aos poucos, suportando perder sua mãe, porque é assim que a gente descobre que, quando o outro vai, a gente fica com a gente. É a essa noção de solidão que me refiro neste livro, não a solidão do abandono do outro e muito menos a solidão do abandono de si mesmo, mas muito especialmente a solidão de estar com a gente mesmo.

Outra fantasia que nos aterroriza é a fantasia de sermos trocados. O que está na base disso chamamos de inveja. Na inveja não queremos apenas aquilo que é do outro, aliás, às vezes nem queremos – o que está verdadeiramente em jogo é o desejo de que o outro não tenha determinada coisa.

Costumamos viver essas experiências na relação infantil com os irmãos, mas não só com eles, também com amigos. Diz-se da criança que é filha única que ela terá dificuldades de aprender a dividir as coisas, ao contrário da criança que tem irmãos, que obrigatoriamente terá que dividir.

Quando falamos de dividir as coisas, não falamos necessariamente de objetos, tais como a bicicleta, o carrinho, o bichinho de pelúcia, mas de afetos. Dividir mãe e pai, por exemplo, que dureza.

Não foi por acaso que, quando Freud apresentou sua famosa teoria do complexo de Édipo, propôs que fosse uma vivência a três. Mais do que se tratar de mãe, pai e filho – o que leva a alguns equívocos graves, como achar que o Édipo não se produziria com um casal homoafetivo –, longe de se tratar do estereótipo da família "tradicional", trata-se substancialmente do número três, de uma triangulação.

Essa situação do complexo de Édipo Freud retirou da peça de teatro *Édipo Rei*, de Sófocles. Trata-se de uma tragédia grega escrita mais de quatrocentos anos antes de Cristo, onde a história que se conta é que havia uma profecia de que Édipo iria matar seu pai e se casar com sua mãe, o que levou Édipo, desconhecendo essa profecia, a ir embora de seu reino. Sem saber que sua mãe já havia sabido da profecia antes e já tinha se ocupado de tentar evitar que a tragédia se concretizasse, tentando também evitá-la, Édipo vai embora de seu reino. No caminho, entretanto, envolve-se em uma briga que acaba por levá-lo, sem saber, a matar seu pai e por consequência se casar com a esposa dele, que era sua própria mãe.

Nesses séculos todos houve muitos estudos sobre essa tragédia e inúmeras articulações com a teoria freudiana, de modo que me sinto leviana fazendo uma passagem tão breve por uma história que mereceria uma discussão tão mais aprofundada. No entanto, espero que meus colegas filósofos e psicanalistas possam me perdoar, pois ainda assim decidi passar rapidamente pela peça em nome dessa conversa que estou tendo com o leitor, que talvez não conheça o mito.

Freud se baseia nesse mito de Édipo para pensar o complexo de Édipo, que seria, então, o modo como nossas relações de amor e ódio são vividas em nossa primeira infância, na relação com nossos pais. Ele dividirá o complexo de Édipo em três etapas e se aterá a dizer das descobertas sexuais que cada criança faz a partir de sua diferença sexual em relação ao outro. Nesse tempo as noções de identificação com um e com outro genitor acontecem, levando a criança, ao final da passagem pelo complexo de Édipo a se identificar mais ou menos com um dos genitores, situando-se como menino ou como menina. É uma teoria falocêntrica, que orbita em torno de ter ou não ter um pênis, o que é cada vez mais criticável. No entanto, a meu ver, o desenvolvimento de sua teoria do complexo de Édipo não seu deu porque Freud era por si só um homem machista, mas porque era um homem de seu tempo, numa sociedade machista, ainda que um homem absurdamente genial. Contudo, o que me interessa pensar aqui com vocês a partir da teoria do complexo de Édipo freudiano não é como se dá a identificação sexual, mas muito especialmente o fato de ela acontecer a partir da existência de três pessoas.

Quando estamos em dupla, ficamos muito mais sobrecarregados no laço do que quando estamos em trio, não? E em quarteto nós tendemos a fazer duas duplas. Tentem se lembrar de como era quando estavam na escola, no colégio ou na faculdade fazendo algum trabalho. Só conseguimos olhar atentamente para uma pessoa de cada vez. Então, quando estamos em trio, tem sempre alguém que fica de fora. É isso que acho genial na teoria de Freud do complexo de Édipo. É um tempo tão importante porque se trata substancialmente de uma relação em que a gente aprende a perder.

Quando uma criança se sente responsável pela felicidade da mãe, pela felicidade do pai, ela se mantém sexualmente ligada a eles, às vezes pela vida toda, sem poder se afastar (no sentido emocional) para cuidar da sua vida. É apenas quando a criança (ou o adolescente, ou o adulto) descobre que não é responsabilidade dela tornar os pais felizes, porque eles têm a vida deles, que ela pode encontrar para a sua vida uma causa própria.

É claro que isso não acontece de modo simples, bonitinho e indolor. Cair do pedestal de que ocupávamos o lugar mais precioso da vida do outro é uma tarefa árdua. Mas é o único caminho viável para que seja possível encontrarmos uma maneira mais autêntica de nos ligarmos à vida.

Até que possamos elaborar essa perda, o que acontece no final da primeira infância, vivemos uma intensa relação de rivalidade com aqueles que são nossos primeiros amores. Casais que decidem ter o segundo filho para oferecer uma companhia para o primogênito brincar tendem a se espantar com a descoberta de que é muito comum precisar passar o dia mediando brigas. Quem ganhou o maior brinquedo? E o maior pedaço de bolo? Quem pode quebrar uma regra? Quem leva menos bronca? No fundo, a pergunta que sustenta todas essas disputas é: quem é o mais amado? Pergunta esta que carrega consigo uma outra: quem é o mais desamado?

No entanto, essa pergunta não se dá apenas entre irmãos, e sim entre toda a família – e, acreditem, essas angústias não vêm apenas das crianças, mas também de seus pais.

18

› COMO FAZER DOIS VIRAREM TRÊS? E CINCO VIRAREM SEIS?

Um não sei quê, que nasce não sei onde,
Vem não sei como, e dói não sei porquê.

Luís de Camões

Quando um casal tem um filho, recebe a difícil tarefa de fazer dois virarem três e, com isso, fazer o par sexual/amoroso virar também um par parental. Alguns casais se apaixonam tanto por essa nova modalidade de laço que passam inclusive a se chamar de pai e de mãe. Há casais que até mesmo se separam quando os filhos saem de casa. Mas, voltando ao ponto, como fazer dois virarem três? Não se trata de uma questão biológica, porque a criança simplesmente chega; trata-se de uma questão simbólica, com cores afetivas.

Uma mulher se divide em mãe e mulher, um homem se divide em pai e homem quando uma criança chega. O pai e a mãe se encontrarão no casal parental, priorizando a criança. Mas há um ponto da mãe como mulher e do pai como homem onde é melhor que a criança não entre. Será esse o ponto onde a criança ficará livre para viver a sua vida, não sem algum sofrimento.

Lembro-me de um homem que escutava há anos e que contava de sua dificuldade imensa de dizer não à filha, que aos 4 anos insistia que ele se casasse com ela. A princípio ele recusou, dizendo que já era casado com a mãe dela. Mas em seguida o casamento se desfez, e ele não encontrava meios para dizer não à filha, provocando muita angústia à menina, que seguia cada vez mais apaixonada pelo pai. É melhor para os filhos quando os pais podem lhes dizer "não" sem tanto sofrimento!

Tocamos num ponto relevante aqui, que era o que falávamos sobre a importância de, no complexo de Édipo, os números serem mais significativos do que os papéis. Se um pai não pode se casar com sua filha não é porque já é casado, mas porque a relação entre pai e filha está interditada. É este o ponto do complexo de Édipo: nossas modalidades amorosas nascem de um amor que fica interditado. Nosso objeto amoroso está para sempre perdido, e isso não é um pesar. Se não estivesse interditado é que seria uma tragédia, tal como aconteceu no mito de *Édipo Rei*. Ficar alienado a uma parceria sexual com os pais é que é uma tragédia.

Dois viram três, então, na medida que cada um dos dois se duplica para se relacionar com esse terceiro. Nesse sentido, é mais sobre fazer dois virarem cinco, em vez de três (mulher+mãe+homem+pai+criança). À medida que essa criança for crescendo, também ela se duplicará para viver sua sexualidade na adolescência.

Vemos o desastre que é quando alguém não pode se duplicar também no filme *Cisne negro*, ao qual já nos referimos antes. Nina é filha de sua mãe. Em todos os lugares aonde ela vai, é a filhinha da mãe, é a "doce menina" da mamãe. Como consequência, o acesso à sua própria sexualidade lhe é impedido. Assim, interpreta muito bem o cisne branco, que é a própria representação da doce menina. Mas ao precisar interpretar o cisne negro não encontra recursos em si, pois nada da malícia, da sensualidade, da duplicação lhe habita. O jogo de sedução está justamente na possibilidade de alguém brincar com seu semblante, como aquilo que é-mas-não-é, fundamento próprio do brincar. Não se pode transar sendo filhinho ou filhinha da mamãe, é preciso tomar posse do próprio corpo.

Chegamos à vida pertencendo a um outro, somos o falo do outro. A moda infantil parece saber disso. Vemos nas roupinhas das crianças escritos como "sou da mamãe", "sou do papai", "sou da vovó", "sou do dindo"... e por aí vai. Somos pertencentes a um Outro.

É à medida que vamos nos desenvolvendo que vamos nos apossando de nosso corpo como sendo mesmo "nosso", tarefa esta que nunca se conclui completamente.

Marilyn Yalom, no livro *Uma questão de vida e morte*, publicado junto com seu marido, Irvin D. Yalom, escreve: "No fim das contas, cheguei à conclusão de que a pessoa permanece viva não apenas para si mesma, mas também para os outros".[22] Aponta, com isso, os limites de nossa tarefa de tomar posse do nosso corpo, de nos separar do Outro. O amor é justamente esse limite, isso que nos faz sentir de certo modo ligados a um Outro. Mesmo que seja, em alguma medida, um equívoco, trata-se de um equívoco necessário. O amor é um equívoco que dá dignidade à vida.

A palavra "sexo" vem do latim *secare*, que significa "dividir", "cortar". Eis porque é preciso que em certo ponto nos separemos do Outro para ter acesso a uma vida sexual própria.

A adolescência, tempo esse da vida em que experimentamos nosso corpo como sendo sexuado, é um tempo de cortes e de intensidades. Testamos com unhas e dentes nosso corpo como um espaço de solidão. Não é nada raro que um adolescente faça uma tatuagem escondido, por exemplo, ainda que os pais não se oponham. Se na infância a criança testa se os pais leem seus pensamentos, na adolescência o sujeito novamente fará

---

22. YALOM, Irvin D.; YALOM, Marilyn. *Uma questão de vida e morte*: amor, perda e o que realmente importa no final. São Paulo: Paidós, 2021. p. 26.

uma reivindicação ao olhar dos pais, ao mesmo tempo que o rejeitará. "Imaturo de um lado, muito maduro de outro", escutamos os pais dizerem de seus filhos adolescentes.

É também nessa época da vida que costumamos viver nossas maiores dores de amor e desamor, ainda que depois, nos separando dessas experiências, tenhamos a tendência de menosprezar a violência com a qual somos invadidos por esses afetos.

Na adolescência revivemos nossa passagem pelo complexo de Édipo. A história de amor e paixão que uma criança vive com seus pais, a experiência de ficar de fora da relação que compõe um casal sexual, as dores de ficar de fora, para só então encontrar com um alívio por isso – é tudo isso que o adolescente revive, tanto no campo das amizades quanto no campo das parcerias sexuais propriamente ditas. Assim, talvez possamos dizer que na adolescência temos uma propensão maior a nos apaixonarmos e uma menor a amar, o que leva muitos adultos a destituírem os relacionamentos dos adolescentes, inclusive profetizando aos adolescentes que eles viverão muitos outros amores além daqueles pelos quais estão sofrendo.

19

› É DE NÚMEROS QUE SE TRATA NO AMOR

Porque eu fazia do amor um cálculo matemático errado: pensava que, somando as compreensões, eu amava. Não sabia que, somando as incompreensões, é que se ama verdadeiramente. Porque eu, só por ter tido carinho, pensei que amar é fácil. É porque eu não quis o amor solene, sem compreender que a solenidade ritualiza a incompreensão e a transforma em oferenda. E é também porque sempre fui de brigar muito, meu modo é brigando. É porque sempre tento chegar pelo meu modo. É porque ainda não sei ceder. É porque no fundo eu quero amar o que eu amaria – e não o que é.

Clarice Lispector

Querido leitor, querida leitora, espero que esteja acompanhando meu raciocínio e também que não se assuste com o nome deste capítulo. Em geral, as pessoas que se interessam pelo tema do amor se interessam pelas humanidades, por aquilo que nos enlaça ao outro, e têm certa aversão aos números. Pode se tranquilizar: é óbvio que não vou aparecer aqui com uma equação maluca que supostamente resolveria nossos problemas e impasses no amor. E não se preocupe que também não será neste ponto do livro que vou tascar um lacanês *hardcore* com várias formulações topológicas.

Vou propor pensar o tema do amor a partir de uma imagem, a de uma gangorra.

Paixão	Amor	Solidão
Um	Três	Dois
Loucura	Loucura sã	Realidade

19.1

› PAIXÃO - UM - LOUCURA

A palavra "paixão" deriva do termo *páthos*, que, no grego, significa sofrimento, paixão, afeto. Então vamos começar por ela, que é doida, insana, maluca, fora da realidade.

A paixão não quer saber da castração, dos limites, da solidão. O apaixonado sente que encontrou sua cara-metade e tende a confeccionar um outro que o completaria. Na paixão, supostamente encontraríamos a nossa "cara-metade", "A" pessoa que nos permitiria não saber da nossa condição de faltantes, tal como vimos no mito de Aristófanes. Na paixão, é de plenitude que se trata, seja de alegria ou de infelicidade, porque a paixão tem horror aos meios-termos, aos mais ou menos, às ponderações. A paixão é sobre tudo ou nada.

É da paixão que costumamos tratar quando terminamos as histórias com o famigerado "e foram felizes para sempre", porque para ser feliz para sempre há que se terminar a história. A história só continua se tiver uma falta, um incômodo, um perrengue – nomes para o encontro com nossa solidão diante do outro –, e a paixão paga o preço que tiver que pagar para não saber disso. A paixão é a concretização do mito do amor. Daí sua dificuldade de se inscrever no tempo, de durar. Há sempre um ponto em que algo cai. Mas na paixão não se quer saber... da castração, da falta, da falha no outro, do furo em nosso narcisismo, da solidão. Melhor dizendo, o apaixonado ama sua ignorância.

Freud[23] afirma que no "auge do sentimento de amor" as fronteiras entre o Eu e o objeto ameaçam desaparecer. Dito de outro modo, duas pessoas tendem a virar uma só, o que é uma loucura e também uma cilada. Mas como caímos nessa?

Vimos que nossa chegada ao mundo se dá pelo outro: vivemos como se fôssemos um com o outro primeiramente, e só depois fôssemos quem supostamente somos. Minha filha, aos 3 anos de idade, olha para fotos minhas antigas, tiradas muito antes que eu engravidasse, e em todas elas diz que ela estava lá, na minha barriga. A gente vem de um outro e fica tentando retornar a ele. A fantasia que a paixão encarna é essa realização de encontrar nossa casa. No apaixonamento, a casa de um é o corpo do outro. Dois flertam com o fazer 1. Mas quando duas pessoas se tornam uma só é porque alguém

---

23. FREUD, Sigmund. O *mal-estar na cultura e outros escritos de cultura, sociedade, religião*. Belo Horizonte: Autêntica, 2020. p. 308.

deixou de existir. Daí o perigo da paixão, traduzido com frequência em ditos como “me perdi de mim”.

Na canção “Eu te amo”, Chico Buarque canta de maneira lindíssima esse perigo: “Ah, se já perdemos a noção da hora/ Se juntos já jogamos tudo fora/ Me conta agora como hei de partir”. E depois: “Se nós nas travessuras das noites eternas/ Já confundimos tanto as nossas pernas/ Diz com que pernas eu devo seguir”.

Na paixão, então, é do número 1 que se trata, pois jogamos tudo o que não é o objeto amado fora e nem sequer sabemos quais são as nossas pernas.

É evidente que não é sobre fazer de duas pessoas uma só literalmente, mas psiquicamente sim, uma vez que, em essência, trata-se de uma imagem, de uma fantasia de completude.

19.2

› AMOR – TRÊS – LOUCURA SÃ

Uma vez que o apaixonado é alguém que está de certo modo enlouquecido, não querendo saber da realidade, a paixão não dura tanto tempo assim. Não temos energia o suficiente para viver apaixonados, porque a paixão nos exaure, mina as nossas forças, nos leva do céu ao inferno, ao céu de novo, ao inferno mais uma vez, e é sempre assim, já que a paixão não tem nenhuma simpatia pelos caminhos do meio... E, puxa, isso é cansativo! O céu e o inferno parecem longe demais um do outro, quando, na verdade, são logicamente o mesmo lugar: o dos exageros.

Freud afirma, ainda no texto "O mal-estar na cultura", que o amor se coloca do lado oposto ao crescimento civilizatório. Nesse sentido, ele parece se referir ao apaixonamento, visto que são os apaixonados que se bastam e excluem o resto do mundo. É comum que, quando um amigo nosso desaparece, no sentido de parar de nos buscar para conversas ou frequentar os encontros, pensemos que ele está apaixonado. Os casais apaixonados costumam ficar a sós. Um quer o outro só para si, e qualquer coisa que se colocar no meio disso pode parecer com um inimigo. É claro que essa vida de viver um para o outro fazendo tudo ou quase tudo junto, essa vida de encenar que se é um só, não vai muito longe.

A paixão se sustenta fora da realidade apenas se estivermos no campo da psicose, em que o sujeito fica alienado ao Outro desde os primeiros tempos da infância, mas não nos ateremos a esse tema neste livro. Aos neuróticos, no entanto, a realidade costuma não demorar a pesar. Na verdade, na neurose, nunca se rompe, de fato, com a realidade, apenas se recalca. Dito de outro modo, a realidade não desaparece no campo da paixão, mas a gente consegue não saber que sabe dela. Por isso não costuma durar tanto tempo assim, e não apenas porque a realidade convoca cada um do par às suas coisas: a faculdade de apenas um, o emprego de apenas um, ou mesmo fazer as necessidades no banheiro – embora, diga-se de passagem, alguns imóveis modernos coloquem dois vasos sanitários no mesmo banheiro, o que a mim causa um enorme estranhamento.

À medida que a realidade vai se entranhando no campo da paixão, não apenas o mundo vai nos convocando a participar dele, mas também o amado vai sofrendo consequências da visão do amante, não mais tão cega assim e, aos poucos, algo dele mesmo vai aparecendo. Por isso costumamos dizer que só se sabe se a paixão vira amor depois da primeira briga. Antes da primeira briga somos cegos para a falta do outro. É quando o outro nos desaponta lá onde nós o havíamos inventado que temos notícias de algo que é dele mesmo. Dizemos coisas como: "Você me decepcionou", "Não esperava isso de você", ainda que promessas não tenham sido feitas, embora às vezes sejam, é verdade.

Somos uma fábrica de confeccionar fantasias, e rapidamente, num piscar de olhos, tecemos uma fantasia para o outro vestir, até porque ela está já semipronta, digamos. Se nosso furo é redondo, procuramos alguém redondo também. Ainda que encontremos um quadrado, nossa fantasia lixa seus ângulos e acredita que vê um redondo. Quando o outro dá notícias de suas faltas (ou excessos), quando o outro nos dá notícias de que veste a sua pele, e não a fantasia que costuramos para ele, algo cai.

Com a realidade entrando no campo da paixão, dando notícias do outro para além da invenção do apaixonado, a paixão pode se transformar em amor – ou não. Caso uma parte da paixão se mantenha, mesmo apesar da realidade, podemos pensar que algo do amor começa a se constituir. Mas se a realidade pegar a paixão no susto e aniquilá-la, o sujeito se verá sozinho com sua solidão.

Na passagem da paixão ao amor, então, tudo depende da violência ou da delicadeza com a qual a realidade entra. Se ela chega na voadora não há amor, se ela chega de mansinho pode ser que haja. É claro que estou fazendo uma leitura selvagem, porque a violência ou a delicadeza da chegada da percepção da realidade dependerá de como o apaixonado-agora-não-tanto--assim sente e vive isso em sua pele, o que depende não da realidade nua e crua, mas da leitura que cada um faz da realidade.

Freud ensina que a realidade que é determinante para nós é sempre a realidade psíquica. Ou seja, não é tanto o que acontece o que mais importa, mas muito especialmente como o que acontece nos chega. Vemos, com isso, que nunca estamos livres da nossa fantasia, ainda que troquemos uma por outra. Nesse sentido, não é que no amor a fantasia enfraqueça, mas é que no amor a fantasia não é tão rígida assim, e topa ir se moldando ao corpo do outro.

Se o amor é uma loucura sã é porque, mais do que ficar no meio do caminho entre paixão e solidão, ele é uma espécie de soma das duas. Acolhe algo da loucura (paixão) e também algo da realidade (solidão). É por isso que proponho o amor como sendo o número 3 – resultado de 1 (paixão) + 2 (solidão), e não como o número 2. Pode ser que o leitor estranhe que eu proponha a solidão como 2 em vez de 1, mas isso se dá porque somos sujeitos divididos. Nem sempre concordamos com a gente. E onde formos, vamos com nossa divisão. Se temos ânsia por viver um amor avassalador, por encontrar uma paixão louca, é na tentativa de eliminar o 2 que nós somos, fazendo 1 com o outro. Como canta Cazuza "Eu vou pagar a conta do analista/ Pra nunca mais ter que saber quem eu sou". Na paixão não queremos saber quem somos, daí o desejo de nos fundir ao outro. É preciso dizer, no entanto, que o encontro com um analista (psicanalista), nos leva inevitavelmente a saber quem somos.

19.3

› SOLIDÃO - DOIS - REALIDADE

A solidão não se encontra, se faz.

Marguerite Duras

A palavra "solidão" vem dos termos latinos *solus, solitudo, solitarius*, que indicam aquele que está isolado. Uma vez que somos seres de linguagem, seres sociais e pensantes, no entanto, jamais estamos verdadeiramente sozinhos, já que estamos sempre com a gente mesmo. Lacan afirma que o inconsciente se estrutura como linguagem, o que pode nos levar a entender que o dispositivo da linguagem se instala como um outro em nós. Quem nunca foi invadido de repente por um pensamento que pareceu não ter sido pensado por si, mesmo sabendo que foi?

Ou sentiu uma dor no corpo sem saber se essa dor de fato existia ou se teria sido de algum modo fabricada pelos pensamentos? Há pensamento sem palavra? E haveria como pararmos de pensar? Enquanto você lê este livro, está em silêncio nos pensamentos ou está tagarelando consigo?

Costumamos, inclusive, falar sozinhos. Evitamos fazê-lo em público, é verdade, mas fazemos isso o tempo todo. Abrimos os olhos ao acordar pela manhã e nossa tagarelice interna já começa: *que dia é hoje? Ah, hoje preciso pagar tal conta, trocar as roupas de cama, apresentar um trabalho para meu chefe, amanhã é sábado, que maravilha, que preguiça de hoje.* E assim a gente segue. Você pode pensar (tagarelar consigo mesmo) que ao dormir essa falação cessa, porém isso não é verdade. Ao dormir continuamos inventando sonhos e fazendo maluquices acontecerem em nossa cabeça. Não apenas falamos as coisas que precisamos fazer na nossa língua, mas às vezes sonhamos até que falamos línguas desconhecidas. Podemos sonhar que somos crianças quando já somos adultos, ou ressuscitar pessoas mortas, numa falação e invencionice bem louca, que não é feita por ninguém além de nós mesmos.

Ou seja, a gente não para. E a gente se estranha. Em termos psicanalíticos, podemos dizer que o inconsciente é um trabalhador incansável, uma espécie de workaholic que jamais se exaure. Vale dizer que essa vozinha que fica tagarelando com a gente na nossa cabeça, e que na neurose sabemos que somos nós mesmos (diferentemente das psicoses, em que a pessoa escuta essa voz como se viesse de fora), é o que Freud chamou de Supereu, como já falamos no capítulo 7.

Nosso sofrimento costuma se dar quando, nessa falação, nos agredimos, nos tratamos mal, nos mal amamos. Nessas condições, autoexigências podem se tornar desmedidas, autodepreciações nos invadem e ficamos chateados, ansiosos, tristes, às vezes melancólicos e depressivos. Se a solidão costuma ser um problema, não é porque ficamos sozinhos de fato, mas sim porque podemos ficar mal acompanhados: por nós mesmos.

Temos medo da solidão. Escutamos que a pessoa que foi malvada a vida toda ficará sozinha na velhice, que criança que não sabe brincar fica sozinha. Aliás, o castigo da criança mal-educada costuma ser ficar sozinha. A pessoa que não tem uma parceria amorosa é chamada de sozinha (e existe um esforço para encontrar um par para ela; amigos e amigas ficam procurando candidatos), mesmo que tenha família, amigos, filhos etc. A solidão é uma palavra pesada, uma palavra com cheiro de maldição. Se nos atentamos aos medos das pessoas, não só na clínica, mas também em nossos círculos de amizades, com frequência escutamos muitas falando que têm medo de ficar sozinhas.

Vemos que o problema não é, então, ficarmos verdadeiramente sozinhos, mas a dificuldade que muitas vezes pode vir de sermos acompanhados de nós mesmos.

Em seu clássico livro *Escrever*, Marguerite Duras escreve assim:[24] "A solidão não se encontra, se faz. A solidão se faz sozinha. Eu a fiz. Porque decidi que era ali que deveria estar sozinha, que ficaria sozinha para escrever livros". É interessante pensar nessa perspectiva da solidão não como uma condição passiva, em que se é deixado pelo outro, como se não pudéssemos fazer nada diante disso, como se fôssemos mero objeto. "Fazer" a solidão é se colocar de um modo ativo diante dela. Entretanto, ainda há uma outra camada aqui que acho necessário destacar: solidão não é o mesmo que isolamento. O psicanalista francês Philippe La Sagna afirma que se isolar é evitar a solidão.[25]

No isolamento, sim, em vez de estar no campo do 2, estamos no campo do 1. Não como na paixão, fazendo 1 com o outro, é claro, mas na tentativa de excluir algum mal-estar que possa advir do encontro com o outro. Miramos no amor e acertamos na solidão, porque no amor encontramos sempre algum desencontro ao vermos que o outro não é nosso reflexo. Essa solidão, da qual pode-se não recuar no amor, é uma solidão necessária para o exercício do amor. Essa solidão à qual me refiro é, então, resto do amor, resíduo de nosso quase encontro com o outro.

---

24. DURAS, Marguerite. *Escrever*. Belo Horizonte: Relicário Edições, 2021.

25. LA SAGNA, P. Do isolamento à solidão. *Carta de São Paulo*, São Paulo, v. 27, n. 1, pp. 82-93, 2020.

No entanto, há quem viva essa solidão como desamparo, com imenso mal-estar, e que assim recue dela, não podendo vivê-la bem. Por consequência, essas pessoas tendem a excluir o outro, a não ficar na paixão e muito menos no amor, na tentativa de se defender do encontro com a solidão que advém do amor.

No isolamento, então, o sujeito manda o outro embora. Às vezes de modo mais sutil, às vezes de modo mais escrachado, às vezes montando fileiras intermináveis de pessoas que manda embora, ainda que possa não reconhecer que faz isso. Uma pessoa pode se tornar insuportável sem perceber e depois se queixar que o outro nunca fica, sempre vai embora. Essa pessoa se faz ficar sozinha. Outros não se envolvem, ou, quando percebem que estão se envolvendo, dão no pé. Talvez muito do que se tem chamado de *ghosting* (quando um casal começa a se formar e de repente um deles desaparece completamente, sem nenhuma briga, mal-estar compartilhado ou explicação sobre o sumiço) nos dias de hoje tenha relação com esses isolamentos. Com frequência, um dos integrantes do par, diante do enigma do sumiço do outro, ou mesmo do afastamento do outro ali onde se pensava que as coisas estavam indo muito bem para o laço se estreitar, acha que o que viveu não tocou o possível parceiro, quando foi o contrário: podemos fugir justamente de onde nos sentimos tocados em demasia. Amar é um exercício trabalhoso, nem todos estão dispostos a isso.

Outro aspecto a se considerar no campo do 2 da solidão é o da famigerada autossuficiência, que o mercado tanto tem nos vendido. Trata-se de um pressuposto de que poderíamos viver sozinhos, já que os objetos necessários para a vida podem ser comprados (preferencialmente on-line, onde não precisamos falar com ninguém e nem sequer sair de casa) e/ou baixados pela internet.

Recentemente, uma aluna me contou ter viajado para uma cidade do interior. Enquanto estava lá, o marido a levou de carro a um lugar onde ela gostaria de passear e ele não, e o combinado era que ela voltaria de Uber. Ao tentar fazer o pedido de um carro para buscá-la, descobriu que não havia motoristas na cidade. Só aí se deu conta de que não sabia nem sequer onde estava! Diferentemente de João, do conto dos irmãos Grimm "João e Maria", que fazia seu caminho prestando bastante atenção para saber por onde voltar (afinal, o outro pode sempre nos desamparar, né?), vivemos como se a tecnologia pudesse estar sempre ali, não nos deixando saber quão desamparáveis somos. Felizmente, a moça tinha um celular funcionando (com o telefone do marido salvo, porque se precisasse saber o número de cabeça talvez a situação se complicasse) e resolveu seu problema pedindo que o marido a buscasse, além de poder rir com ele da ingenuidade que vivemos nesse mundo onde contamos em excesso com a tecnologia.

Há um empuxo em nossa sociedade, então, para nos colocarmos nessa posição de independência e autossuficiência do outro, que oculta o quanto ficamos dependentes dos nossos *gadgets* – contentores de todas as nossas informações, conhecedores dos nossos dados e segredos, quase um inconsciente contemporâneo. Porém, é uma imensa falácia essa de que podemos viver tão independentes assim.

Uma das lições mais importantes que aprendemos com a pandemia (ou seria melhor que tivéssemos aprendido) é o quanto dependemos uns dos outros. Não há exatamente um "dentro" e um "fora", não apenas no campo da nossa constituição psíquica, mas no mundo. Na pandemia vimos que não importa o quanto uma pessoa obedeça às restrições de encontros presenciais, não importa o quanto ela se distancie fisicamente dos outros para garantir que não se infecte pelo vírus da covid-19, não dá para sair do mundo! Quantas pessoas ficaram sozinhas em casa, fisicamente isoladas (destaco o fisicamente porque psiquicamente não fomos obrigados a ficar isolados, podendo encontrar as pessoas de maneira virtual), e ainda assim se contaminaram? Em algum momento precisamos jogar o lixo fora, ir ao mercado ou receber as compras em casa. Não há como sair do mundo.

Um dos grandes problemas mundiais é o que fazer com nosso lixo. Produzimos mais de 1 bilhão de toneladas de lixo no mundo, e essa quantidade aumenta a cada ano de forma assustadora! Quando jogamos algo "fora", o que isso significa? (Aliás, diga-se de passagem, essa é a grande pergunta que fazemos em uma análise. Onde está o "fora" em nós, senão em algum lugar em nós também?) Dependemos radicalmente uns dos outros, muito mais do que gostaríamos de depender ou mesmo de saber. As diferenças entre dentro e fora não são tão evidentes como supomos. Ao falar sobre o conceito de Supereu vimos, inclusive, o quanto internalizamos o que é dito pelo Outro, para o bem e para o mal.

Então, viver em um mundo que nos convida a existir de modo independente, autônomo, também não é sem consequência. Convivemos, então, com ao menos dois (muito mais!) imperativos: "viva um amor!" e "seja independente!". Como ser independente amando, se no amor entregamos nossas fragilidades ao outro? Impossível.

Vemos, então, que jamais ficamos sozinhos de fato, pois estamos entranhados de Outro.

20

› O AMOR É UM BEM BOLADO DE PAIXÃO E SOLIDÃO

Eu… eu… no momento não sei, minha senhora… pelo menos sei quem eu era quando me levantei hoje de manhã, mas acho que devo ter mudado várias vezes desde então.

Lewis Carroll

Voltemos à gangorra que propusemos na página 118, no fim do capítulo 19.

Sugiro pensar essa lógica amorosa como uma gangorra, e não como uma linha do tempo, na medida em que as três possibilidades (paixão, amor, solidão) se tocam constantemente. Em cinco minutos esse movimento todo pode acontecer. Da paixão ao amor, do amor à solidão, da solidão ao amor, do amor à paixão. E não necessariamente nessa ordem, pode ser: da paixão à solidão, da solidão ao amor, do amor à paixão. Aqui todas as variáveis são possíveis. Mas essa brincadeira está sempre à espreita de um último fim, que acabaria com ela. Me refiro a um "último fim", apostando que pode haver muitos, que um fim começa a acontecer quando algo começa a acontecer.

Tudo o que existe tem um fim. Só vivemos porque em algum momento vamos morrer. As coisas podem começar porque em algum momento elas terminam. Inclusive, nossos desejos de que as coisas não terminem só existem porque sabemos que elas terminam. Por isso, quando nos apaixonamos por um parceiro sexual ou por um filho, quando estamos em uma viagem deliciosa, ou seja lá qual for o instante que estejamos curtindo, podemos desejar que o tempo pare: é só porque nosso desejo está protegido da realidade que podemos nos dar ao luxo de desejá-lo e dizê-lo. Não fosse isso, seria um inferno. Não há momento maravilhoso na vida que valha a eternidade.

No clássico filme *Entrevista com o vampiro* (baseado no livro de Anne Rice), vemos que o maior castigo possível para alguém é menos condená-lo à morte e mais condená-lo à vida eterna. Aquele que não morre também não pode viver, ainda que vejamos os personagens do filme existindo. Como já escrevi no capítulo 12, Lacan, em um seminário intitulado "A angústia", afirma que, de todas as angústias, a única que termina é o orgasmo. É um alívio que as coisas possam terminar. Mas qual é o momento de terminar? Qual é o melhor ponto para a coisa terminar? Em que fase a fruta já está madura e então começa a apodrecer? Eis as perguntas para as quais procuramos resposta, como se elas existissem. Não temos inscrição psíquica para o instante em que uma coisa vira outra.

No filme *O mínimo para viver* (dirigido por Marti Noxon), vemos a personagem principal, Ellen (interpretada por Lily Collins), sofrendo com um terrível quadro de anorexia. Em certo momento, ao ser incentivada a comer por colegas em uma casa de recuperação, ela faz uma pergunta muito interessante sobre como saber a hora de parar de comer, confessando não poder começar a se alimentar por medo de não conseguir parar. A pergunta de Ellen é a pergunta que interessa a todos nós: qual é o momento de parar? Como reconhecer que a fome está saciada, que o que haveria para viver de fértil em um relacionamento já se esgotou e a partir dali tudo o que se produzirá é dor? Como saber a hora de parar de comer, de beber, de amar, de sofrer, de viver?

Marilyn Yalom escreve sobre isso em *Uma questão de vida e morte*, que já citei anteriormente, ao contar do seu mal-estar de, aos 87 anos de idade, submeter-se a uma quimioterapia para tratar um câncer nas células plasmáticas. Sem muitas possibilidades de melhora e diante do imenso incômodo causado pelo tratamento, ela se questiona sobre qual é a melhor hora para morrer. Várias vezes os autores citam Nietzsche, que escreveu: "Morra na hora certa". Qual é a hora certa de cada coisa?

Na entrevista que Freud concedeu ao jornalista George Sylvester Viereck, intitulada "O valor da vida", ele disse: "Talvez os deuses sejam gentis conosco, tornando a vida mais desagradável à medida que envelhecemos. Por fim, a morte nos parece menos intolerável do que os fardos que carregamos".[26]

E mais para a frente: "O desejo de prolongar a vida excessivamente me parece absurdo".

A questão é que parece que estamos sempre tentando prolongar algo em demasia e, com isso, acabamos justamente com a própria vida, uma vez que as coisas vivas encontram seu limite no fim.

Assim, em certa medida, tal como começamos a morrer quando nascemos, o amor também começa a morrer assim que inicia. Tanto sabemos disso que há quem prefira jamais se envolver com a pessoa pela qual se apaixonou. Nesse ponto acho que já podemos pressupor que entre amor e paixão não haja tanta diferença assim, né? Amor que se preze precisa visitar a paixão de

---

26. VIERECK, George Sylvester. O valor da vida (Uma entrevista rara de Freud). *Ide*, São Paulo, v. 42, n. 69, pp. 11-15, jun. 2020. Disponível em: http://pepsic.bvsalud.org/scielo.php?script=sci_arttext&pid=S0101-31062020000100002&lng=en&nrm=iso. Acesso em: 24 ago. 2021.

vez em quando, e paixão que não seja delírio (porque no delírio há a exclusão da realidade) precisa passar por algo do amor. Vamos voltar a isso no próximo capítulo. O que eu gostaria de destacar aqui é que, na ânsia de manter o amor supostamente vivo, há quem mantenha o objeto amoroso distante, única maneira de preservá-lo, já que as coisas se gastam.

Sabe aquela louça chique que fica guardada para a ocasião especial que não chega? Há quem trate amor como coisa e, assim, não viva a experiência amorosa no laço com o outro propriamente dito, mas sozinho, em fantasia. É o que chamamos de amor platônico. Uma fantasia amorosa que se preserva por uma distância. Talvez esse modo de viver o amor tenha alguma relação com o isolamento. Talvez esse modo de amar, por outro lado, preserve o que mais nos encanta no amor: a falta.

21

› O PERIGO DO CIÚME

Você diz que ama as flores e as corta.
Você diz que ama os peixes e os come.
Você diz que ama os pássaros e os prende em gaiola.
Quando você fala "eu te amo", eu sinto medo...

Jacques Prévert

Entre um e outro no amor, há sempre uma falta de encontro, o que chamamos aqui de solidão. Entre um e outro há, então, uma falta, e essa falta procuramos preservar, medir, para que não se torne excessiva e intoxique o relacionamento de modo que um já não queira mais que o outro siga em sua vida. Se essa falta nos interessa, ela também nos angustia. O modo como cada um de nós vai viver o amor tem relação com o modo como o vivemos em nossa infância, com o modo como entendemos que o vivemos na infância.

Uma das maneiras de ignorarmos a falta e a solidão presentes no campo do amor atende pelo nome de ciúme. É importante começar dizendo que Freud nos adverte de que o ciúme é um estado emocional normal, tal como o luto. Assim como é esperado, então, que ao perdermos nosso objeto de amor nos entristeçamos e fiquemos ensimesmados por algum tempo, também é esperado que sintamos ciúmes quando amamos alguém. É claro que nem todas as formas de sentir e demonstrar ciúmes são esperadas, e já falaremos disso. Mas achei importante começar esse papo dizendo para vocês que o ciúme é esperado quando se ama porque estamos em tempos de uma psicopatologização excessiva, em que qualquer mal-estar pode ser lido rápido demais como psicopatológico ou como "tóxico", levando as pessoas às defesas e aos isolamentos.

Pois bem, para Freud o ciúme é algo tão comum que ele chega a dizer que, quando não aparece, é porque a pessoa o recalcou, ou seja: o enviou para debaixo do seu "tapete psíquico" para não saber dele.

Feita minha defesa do ciúme, esse mal-estar que em certa medida pode dar dignidade ao amor (fazendo brilhar algo da paixão) de tempos em tempos, mas também pode levar a assassinatos, em especial ao feminicídio, o que é certamente assustador (e que de modo algum defendo), vamos avançar para pensar nessas camadas do sentimento.

Há três formas de ciúme propostas pelo pai da psicanálise, sendo elas: o ciúme normal, o projetado e o delirante.[27]

27. FREUD, Sigmund. *Além do princípio de prazer, psicologia de grupo e outros trabalhos* (1920-1922). v. 18. Rio de Janeiro: Imago, 1996.

21.1

› O CIÚME NORMAL

Do normal já falamos quando nos referimos às situações edípicas em que a criança rivaliza com o irmão e com os pais em busca de ser o objeto que completaria o outro. Nos melhores casos, não completa, e a criança vai internalizando algo de uma falta em si e no outro, que ela tenderá a repetir nos relacionamentos da vida adulta, ora querendo preencher, ora querendo destacar. Assim, muitas vezes convoca a presença de um terceiro para sustentar o desejo pelo parceiro, reencenando a rivalidade edípica. Como vimos, no amor é de três que se trata. Portanto, como o intervalo que existe entre um e outro não costuma ser tão claro, a presença de um terceiro materializa isso: é de três que se trata no amor. Vemos o quanto ver o objeto sendo desejado nos atiça a partir das crianças pequenas. Se há um grupo de crianças disputando a bola verde e chega uma terceira criança e começa a brincar com a bola amarela, a bola verde tenderá a ficar abandonada, enquanto a bola a ser disputada se tornará a amarela. Quando adolescente eu tinha uma amiga que ia para a balada com uma aliança no dedo porque dizia que assim apareciam mais pretendentes.

21.2

› O CIÚME PROJETADO

Uma vez que o amor não deixa de lado nossa solidão, então, muito embora amemos alguém e sejamos amados por esse alguém, isso não nos exime de desejarmos sexualmente a quem não amamos. Como vimos no capítulo 8, esperamos demais do amor. Esperamos, inclusive, que ele nos livre de viver num corpo desejante. No entanto, como desejar sexualmente a quem não amamos pode trazer mal-estar, especialmente caso se trate de um relacionamento monogâmico, teremos que fazer renúncias ao nosso desejo ou pagar o preço de colocar algo em risco ou mesmo acabar com a confiança do outro –, há quem dê um modo de não saber disso. Assim, não apenas coloca seu desejo embaixo do tapetinho psíquico, como também o projeta no outro. Ou seja, uma pessoa ciumenta, nesse caso, por vezes é uma pessoa que deseja sexualmente muitas pessoas e não pode reconhecer esses desejos em si mesma.

Aquilo que não suportamos ver em nós, com frequência, projetamos no outro, e reclamamos de boca cheia disso. Lembremos: as linhas que nos separam do outro não são assim tão evidentes. Por isso, quando a realidade dá notícias de sua existência, ela tende a furar esse tipo de ciúme. Contudo, é preciso destacar que esse ciúme é bastante ligado ao 1 da paixão, uma vez que o ciumento toma a si mesmo e ao outro como um só, sem perceber, confundindo os seus desejos com os de seu parceiro ou parceira.

21.3

› O CIÚME DELIRANTE

Aí estamos no terreno, ou pertinho do terreno, da paranoia, que é uma das modalidades de psicose, de acordo com a teoria psicanalítica. Diferentemente dos neuróticos (aos quais estamos nos referindo amplamente neste livro), que amam a falta, que se separaram (ao menos parcialmente) do Outro, que podem acessar algo de sua solidão, nas psicoses falamos de alguém que não se separou psiquicamente do Outro, que faz 1 em seu psiquismo com esse Outro. Quando eu me referia à vozinha que fica na nossa cabeça, chamada Supereu, por exemplo, falava dos neuróticos, que sabem que essa vozinha é resultado de seus próprios pensamentos, que inclusive duvida dela. Já na psicose o sujeito pode escutar as vozes como vindas de fora, uma vez que entre ele e o Outro não há separação psíquica.

Aqui vou citar mais uma vez o filme *Cisne negro*, em que a personagem Nina, encantada com sua amiga Lilly, não consegue reconhecer que é ela quem está apaixonada pela amiga, faz 1 com ela e entende que é a amiga quem a está perseguindo. Nas cenas finais do filme (contém spoiler), em que supostamente aniquila Lilly, o que Nina acaba por fazer é aniquilar a si mesma. Não por acaso o faz com um pedaço de espelho. Nas psicoses, o sujeito não chega ao refinamento de se diferenciar de sua imagem. Enquanto nas neuroses as pessoas sabem que suas imagens não são tudo sobre elas (ainda que o império das imagens que a gente viva atualmente dificulte que saibamos disso), nas psicoses o sujeito não costuma chegar a essa sofisticação. (Aqui abro um parêntese para dizer que há muitas maneiras de psicose, que falamos em "psicoses" no plural porque há vários modos de um psicótico se organizar psiquicamente e nunca vir a desencadear sua psicose, mas não entraremos na complexidade desse tema neste momento.)

Em uma cena desse filme, Nina tem uma relação sexual com Lilly, adormece, acorda atrasada para o balé e, ao chegar ao ensaio, pergunta à amiga por que ela não a acordou. Rindo, Lilly insinua que Nina tinha sonhado com ela, demonstrando que não havia estado na realidade com Nina. Essa divisão entre o mundo onírico e o da realidade vai se dissolvendo no desencadeamento psicótico. Lacan[28] ensina isso ao afirmar que

---

28. LACAN, Jacques. *O seminário, livro 11*: Os quatro conceitos fundamentais da psicanálise. Rio de Janeiro: Zahar, 1985.

"o inconsciente é muito exatamente a hipótese de que não sonhamos apenas quando dormimos".

Se quisermos saber como funciona a psicose, basta pensarmos em como são os nossos sonhos: neles tudo pode acontecer e, embora sejam uma criação nossa, não são feitos pela parte do Eu que consegue controlar algumas coisas. O autor dos roteiros de nossos sonhos é o inconsciente, esse estrangeiro que ocupa tanto espaço em nós.

Embora Freud tenha proposto um tratamento apenas para neuróticos, e não para psicóticos (foram os pós-freudianos e os lacanianos quem propuseram tratamentos para psicóticos), se ele estudou com tanta profundidade e cuidado as psicoses, foi porque a partir delas podia entender o funcionamento neurótico. Dito de outro modo: aquilo que o neurótico envia para debaixo do seu tapetinho psíquico, não quer saber e chega mesmo a acreditar que não sabe, os psicóticos denunciam: falam aos quatro ventos, postam, denunciam. Assim, o ciúme delirante nos ensina também sobre o ciúme normal. Até porque, para Freud, no caso do ciúme delirante podemos encontrar as três modalidades de ciúme.

Lembro-me de um homem paranoico que conheci em uma instituição de saúde mental e que, quando se desorganizava, saía andando de bicicleta por aí, ficava horas, dias, semanas ou meses sem voltar para casa, preocupando seus familiares. Ao contar de um de seus passeios de bicicleta para mim, que era a "psicóloga" da instituição, ele disse que seus familiares e os profissionais que cuidavam dele não deveriam se preocupar, uma vez que estava "bem cuidado". Dizia não ter preocupações de se perder no caminho, uma vez que todos os carros da rua o ajudavam, pois, se um carro ligava a seta para a direita, isso queria dizer que era para ele virar à direita, e se um carro piscava à esquerda, então era uma indicação de que seu caminho era por ali. O paranoico é uma máquina de produzir sentidos para aquilo que não tem sentido, qualquer mera contingência se torna confirmação de sua hipótese. No delírio de ciúme, então, qualquer olhar é signo de traição, qualquer piscada é feita para seduzir, e assim vai, num ritmo freneticamente desconectado da realidade.

22

› O AMOR AMIZADE

Descobrimos que amizade
é como a gente chama o amor que deu certo.

Chegamos, enfim, à modalidade amorosa que mais salva pessoas e que, no entanto, costuma ficar em segundo plano quando falamos de amor. Lembro que, quando engravidei, ouvi de muita gente que finalmente eu descobriria o que é o amor verdadeiro. Uma vez que o amor já era meu tema de pesquisa e de escrita, muita gente ficou genuinamente feliz porque eu poderia, então, escrever sobre o amor de verdade, o de uma mãe por um filho. Sempre escuto com imensa estranheza a expressão "amor de verdade", que soa como um pleonasmo para mim, tal como "descer para baixo" ou "subir para cima".

Várias vezes escutei em minha clínica pessoas se queixarem da clara preferência amorosa das pessoas, de uma maneira geral, pelo par romântico, em relação à parceria que se pode fazer com os amigos. Entretanto, costumam ser essas as pessoas que mais querem uma parceria romântica para si, alguém para o qual elas terão garantia de ser prioridade.

Não é raro que, quando alguém começa um novo relacionamento/namoro/casamento, esse alguém se ausente em alguma medida do campo das amizades e retorne assim que o relacionamento fracassa ou esfria. Quantas vidas não foram salvas por amigos? Tendo a pensar que nossos amigos são aquelas pessoas que conhecem partes nossas que, por vezes, ficam de fora da parceria romântica. Nossos namoros, noivados e casamentos são como tinta de carimbo, tentam encharcar tudo o que ali está escrito. Mas, se vocês já tiveram a experiência de usar um carimbo velho, sabem que a tinta não chega a todos os cantos dele (gente, quem usa carimbo nos dias de hoje, né? Mas sigo com meu exemplo por não ter encontrado outro melhor). Essas partes do carimbo que ficam sem a marca da tinta são nossos pontos de solidão, são as nossas partes que não são alcançadas pelo outro, não por defesa, não por um esforço em não se deixar atingir pela tinta do outro, mas por um impossível. Há tintas que não pegam em determinadas superfícies. Nossos amigos são as pessoas que nos darão notícias de que nem tudo está perdido (manchado), de que há partes nossas que ficam com a gente – e vez ou outra com eles. As amizades costumam ser uma espécie de backup do sujeito antes de seu apaixonamento.

Não é por acaso que um indício fortíssimo de que um relacionamento possa ser "abusivo" se dá quando um vai minando as amizades do outro. Se alguém tem medo ou tenta impedir/atrapalhar a análise do parceiro ou suas amizades, provavelmente é porque essa pessoa deve ter razão ao se sentir ameaçada por outros laços amorosos que não os que são vividos com ela!

Enquanto no amor sexual temos a tendência a querer ser o único objeto de amor do outro e a demandar que ele também seja único para nós, curando nossas feridas narcísicas infantis, no campo da amizade temos muito menos perturbações. É verdade que há pessoas tão narcisicamente inseguras que têm ciúmes até dos amigos – isso não é nada incomum, aliás –, mas a tendência da amizade é poder, mais do que dividir, espalhar o amor.

Uma vez, então, que no campo do amor temos uma baixa tendência a fazer 1, respeitando mais a solidão, ou seja, o 2 de cada um, por consequência é mais fácil fazermos um 3 que tende mais para o 2 do que para o 1 – ou seja, é mais fácil fazermos uma solidão que tenda mais para o amor e menos para a paixão.

Nesse sentido, podemos pensar que o estado mais digno do amor é a amizade. Por isso, talvez possamos considerar que um amor que se preze contém todas as características da amizade – mas não só, pois é preciso haver uma perturbação da paixão que tenda ao 1 para que exista certo tesão, química, encontro sexual.

No mais, cabe a nós cultivar nossas amizades, essas figuras que por vezes são as escadas de incêndio quando o prédio está pegando fogo e não é sinal de juízo usar os elevadores da paixão.

23

› UM COMENTÁRIO SOBRE O AMOR TRANSFERENCIAL

Quem faz um tratamento psicanalítico está falando consigo mesmo por meio de alguém que lhe empresta seu ouvido, que lhe dedica tempo, que é o camaleão de suas relações passadas.

Françoise Dolto

Eu não poderia terminar os capítulos deste livro sem dedicar ao menos um deles ao amor de transferência, essa invenção genial de Freud.

Como este é um livro dedicado ao público amplo, e não apenas aos estudiosos da teoria psicanalítica, vou comentar um pouco sobre a transferência; com licença, ok?

Nos primórdios do nascimento da psicanálise, era muito comum que médicos se envolvessem com pacientes. Primeiro que não havia psicologia, código de ética ou mesmo a teoria psicanalítica em si. Freud não tinha a psicanálise com que contar. Freud estava descobrindo o inconsciente freudiano. Pois bem, com uma frequência bastante alta as histéricas se apaixonavam por seus médicos, e os médicos, não sabendo o que fazer com o apaixonamento delas por eles, se apaixonavam também... por si mesmos. Sabemos que o apaixonamento tem esse efeito sobre o nosso narcisismo. Quando um se apaixona pelo outro, diz para esse outro que ele é apaixonante. E a gente ama ser amado.

Mas por que era tão comum que essas histéricas se apaixonassem romanticamente por seus médicos naquela época e hoje em dia isso é tão menos frequente (embora aconteça muito)? Tendo a pensar que não era difícil que uma moça jovem, com idade perto dos vinte anos, muitas vezes até menos, que tinha desenhada para si uma vida de maternidade e casamento e nada mais (não que isso seja pouco, mas quando não se pode escolher qualquer coisa é pouco), que nada sabia de seu corpo, de seus desejos e de sua sexualidade, que adoecia de tanto não poder saber de sua condição desejante, se apaixonasse por um homem bem-visto socialmente, médico, dotado de um saber e interessado no que ela tinha a dizer.

Pois bem, uma vez que esses médicos, apaixonados por si mesmos, viam o apaixonamento de suas pacientes histéricas, acreditavam que o amor que elas tinham era mesmo por eles. A grande sacada de Freud foi, então, retirar seu narcisismo de jogo. Freud foi um dos únicos de seu tempo que não acreditou que o amor das histéricas fosse direcionado a ele, entendendo que esse apaixonamento fazia parte do tratamento – e com isso pôde deslocar o amor que a histérica tinha pelo médico para o amor pelo saber (de si, de seu inconsciente). Com isso nasceu o conceito de transferência, um "erro de pessoa" (para usar o termo freudiano) que era também a mola propulsora do tratamento. E segue sendo ainda hoje.

Se você já buscou um psicanalista, um psicólogo ou mesmo um médico, bem sabe da importância que tem o famoso "ir com a cara" dele ou dela. Ainda mais se você for a um profissional "psi", com quem necessariamente terá de conversar por muitas horas, será de suma importância sentir vontade de seguir falando com ele ou ela, independentemente da linha teórica seguida.

Nesses meus quatorze anos de clínica aprendi que quem busca ajuda o faz porque está sofrendo e supõe que você pode ajudar (geralmente por recomendação de alguém que já se tratou com você), e nada ou quase nada sabe de teoria. Quem busca especialmente uma análise, uma terapia comportamental cognitiva, analítica, humanista existencial, ou seja lá o que for, é alguém que estuda a teoria ou que vem de uma série de fracassos psicoterapêuticos. Quero destacar com isso a importância do afeto para um tratamento do campo psi.

Por que temos vontade de estreitar o papo com alguém, contar nossa vida, nossos segredos e descobrir coisas que não sabemos sobre nós, e com outra pessoa temos muita vergonha, medo ou angústia de falar? Certamente não é porque uma estudou mais e outra menos, porque uma é mais bonita e a outra menos, porque uma é da teoria x e outra da teoria y. É por algum motivo que a gente não sabe localizar com precisão, exatamente como não sabemos explicar de maneira racional por que amamos uma pessoa e não outra, ainda que em teoria nossa "escolha amorosa" (uso aspas porque se trata de uma escolha que é inconsciente, então não é uma escolha tão escolhida assim) se dê por excelentes razões.

Pois bem, gente, o grande acerto de Freud, que lhe permitiu inventar esse tratamento que mudou o mundo, a psicanálise, foi, como já disse, retirar seu narcisismo de jogo. Mas o que isso quer dizer? Quer dizer que, diferentemente de seus colegas contemporâneos, Freud não acreditava que o amor das histéricas era mesmo direcionado para ele, o que o levou a entender que fazia parte da neurose repetir aquilo que era oculto ao sujeito, que não havia sido elaborado por ele. Assim, ele entendia que o amor de uma paciente pelo seu analista poderia, por exemplo, se tratar de uma repetição de um amor pelo pai, ou que a hostilidade em relação à pessoa do analista poderia ser a revivescência de um afeto negativo endereçado às primeiras figuras de amor.

E foi por não se colocar narcisicamente, como aquele que se restabelecia das perdas narcísicas que teve ao longo da vida na relação com suas pacientes, e sim como alguém que queria ouvir mais delas, apostando que elas é que sabiam de algo, que Freud pôde inventar a psicanálise, esse tratamento que acontece via transferência.

Vale destacar aqui, para a nossa conversa, que Freud não diferenciou o amor da vida normal do amor de transferência. Não, ao menos, do lado do amante: um amante é aquele que ama e idealiza o amado. Mas a significativa diferença que ele incluiu está no lado do analista, que, advertido dessa equivocidade, não responde como na vida comum, pela vida da reciprocidade ou da rejeição, mas pela via de certo acolhimento da demanda de amor do analisante – sem, no entanto, respondê-la. Dito de outro modo, na vida comum acreditamos que somos mesmo apaixonantes, enquanto em uma análise o analista sabe que está ali representando outra coisa, outro afeto, outra pessoa.

Para Freud há três modalidades de amor de transferência: a positiva, a negativa e a erótica.[29] A transferência boa, amistosa para se trabalhar em uma análise,

---

29. FREUD, Sigmund. A dinâmica da transferência. *In: Edição standard brasileira das obras psicológicas completas de Sigmund Freud.* Rio de Janeiro: Imago, 1996. pp. 107-111.

seria a transferência positiva, em que o analisante tem bons afetos em relação ao analista. A transferência negativa seria uma modalidade de resistência, em que um afeto negativo residual da vida infantil se repete na relação com o analista, dificultando o andamento da análise. Nesse caso o paciente pode ter raiva do analista, por exemplo. Por fim, a transferência erótica seria o apaixonamento do paciente pelo analista, que também andaria ao lado da transferência negativa, mas no sentido de ser excessivamente positiva. Nesse caso, a transferência positiva, boa para o tratamento, não pode ser tão positiva assim, sob o perigo de se erotizar e, então, emperrar o tratamento.

Estou me atendo ao tema da transferência (superficialmente para o leitor estudioso da psicanálise e profundamente para os demais) para destacar que, em uma análise, na transferência, experienciamos um amor solitário. O uso do divã, que retira o olhar dos encontros, atesta como falamos para nós mesmos. Mas não se trata de falar sozinho, não é o mesmo que falar com as paredes ou no chuveiro, como às vezes fazemos. Lacan dirá que a presença do analista tem o valor de uma manifestação do inconsciente. Assim, não se trata de confessar um segredo em análise, tal como se faz a um amigo ou a um padre; trata-se muito especialmente de descobrir algo.

Não é por acaso que uma das coisas que aprendemos a fazer em análise é o silêncio, o que deixa os analistas muito mal-afamados, aliás. Parafraseando Marguerite

Duras, em uma análise faz-se silêncio e faz-se solidão, não sem amor... de transferência!

A propósito, sabemos que temos intimidade com uma pessoa quando podemos fazer silêncio com ela. Ao recebermos alguém em nossa casa costumamos tagarelar, oferecendo vários itens para que a pessoa se sinta bem, repetindo nossa posição infantil de oferecer um objeto que complete o outro. Quer um café, uma água, um chá, uma cerveja, um vinho? Quer sentar? Uma bolachinha? Olha, a senha do Wi-Fi está aqui, o banheiro está ali, e assim vai. Após algum tempo, se certa intimidade começa a ser criada, destacamos que deixaremos o outro à vontade, parando de lhe oferecer coisas e apostando que, se ele quiser, saberá onde buscar. Por fim, quando recebemos amigos bastante próximos, nem sequer oferecemos algo, apostando que a pessoa já está "em casa".

Em uma análise as coisas acontecem de um modo similar. No início o sujeito quer ser o paciente amado, quer melhorar para dar provas ao analista de que ele (o analista) é bom (se há transferência positiva), por vezes fala em demasia, como se falar muito fosse sinal de muito trabalho. Aos poucos o sujeito vai podendo falar menos, vai podendo respirar, vai podendo fazer silêncio. Costuma ser nesse tempo, quando o sujeito fala mais para si do que para o outro, que se dá o famoso convite ao divã, que marca esse momento, um avanço da análise. Aos poucos o analisante vai aprendendo a ficar só com o outro, na análise. E as consequências disso vão se espalhando para a sua vida. Quem faz análise tende a demandar cada vez menos do outro e também de si, porque sabe que existe uma falta radical em cada um e que não pode ser completada. O sintoma colateral disso, de poder sustentar essa falta, é abrir brecha para o caminho do desejo. A vida vai ficando mais agradável e pacífica quando uma análise caminha bem. Isso não é constante, claro, com frequência há movimentos de resistência, já que não é de bom grado que abrimos mão de nossos sofrimentos.

Há, ainda, as pessoas que chegam à análise imersas em puro silêncio, não podendo dizer nada do que sentem, muitas vezes por nem sequer saberem. É preciso dizer que uma das funções do analista é ajudar uma pessoa a falar, nesses casos. Claro que há muitos "tipos" de pessoas, tantos tipos quanto há pessoas no mundo, e fiz aqui uma caricatura na tentativa de falar de várias, mas vale lembrar que cada um inventará seu próprio percurso.

Invariavelmente, no entanto, em uma análise aprendemos a contar mais com nossa solidão, com nossa boa solidão... e descobrimos que é por meio dela que podemos vir a fazer amor rimar com solidão.

24

› DEIXAMOS POR AQUI!

Amor será dar de presente
ao outro a própria solidão?

Clarice Lispector

Pretendi, com este livro, fazer amor e solidão se aproximarem, uma vez que facilmente colocamos o amor numa ponta e a solidão na outra. A meu ver, o amor depende da solidão e a solidão depende do amor. Vimos, por isso, que solidão não é o mesmo que isolamento ou individualismo. Assim, é na medida em que alcançamos algo de uma solidão mais solitária e menos povoada por tantos imperativos superegoicos que encontramos algo de uma solidão apaziguante – que não é um estado definitivo, é claro. Não há vida sem alguma angústia, mas é preciso que ela tenha contornos para que não nos paralise.

Já o amor, que frequentemente é tão desejado, é também demasiadamente exigido, precisando responder a um excesso de demandas no campo das nossas fantasias. Assim, quando aproximamos amor e solidão, desidealizamos o amor, humanizamos a solidão e nos encontramos com outra coisa: um amor menos perto da paixão, mas, paradoxalmente, mais apaixonante.

Difícil não é falar de amor, difícil é parar de falar dele. Mas vimos ao longo destas páginas que os limites, as separações, os finais, por vezes têm função de causar o desejo (de mais...), longe de ser um pesar. É preciso saber terminar um livro, é preciso saber reconhecer um fim, é preciso saber parar de escrever.

Se paro de escrever este livro neste ponto, é na aposta de que esta leitura não se torne cansativa para você, e também com o objetivo de deixar espaço para as suas elaborações. Espero, querido leitor, querida leitora, que, aí de sua solidão tagarela, você tenha pensado em coisas novas, ou pensado as mesmas coisas de um jeito novo.

Obrigada por dividir um pouquinho da sua solidão comigo!

› AGRADECIMENTOS

Aos que foram meus alunos ou leitores e que, longe de entenderem o que eu dizia, me perguntavam, não entendiam e me convocavam a falar mais sobre essas notícias do nosso estrangeirismo que são a psicanálise e o amor.

Aos que dedicam ou dedicaram a escuta de suas análises a mim, porque é com eles e elas que aprendi ou aprendo muito do que sei e ainda mais do que não sei.

À minha analista, que não cansa (ou cansa, mas segue mesmo assim) de me reconduzir aos jardins secretos de mim mesma – trabalho esse que me possibilita trabalhar no amor e amar meu trabalho.

Ao Felipe Brandão e à Editora Planeta, pela aposta em minha escrita, algo tão imenso para mim e que sinto que fica cada vez mais.

Ao Eduardo Lacerda, pela aposta que faz na literatura, inclusive na minha.

À minha mãe, ao meu pai, por terem apostado em mim e seguirem apostando amorosamente.

Aos meus tantos amigos e amigas, por apenas serem. À Priscila Mattos, por existir. À Rita Maria Manso de Barros, por apostar em minha escrita poética mesmo na academia. À Heloisa Caldas e ao Marco Antônio Coutinho Jorge, por serem inspiração. À Malvine Zalcberg, pelo belíssimo e frutífero encontro.

› MÚSICAS CITADAS NESTA OBRA

Quero começar. Interpretada por: Barbatuques, Tiquequê. Composta por: Wem. Fonte: Tiquequê.

Canção de Chapeuzinho Vermelho. Composta por: Carlos Alberto Ferreira Braga (Braguinha/João de Barro). Fonte: UBC.

Por onde andei. Interpretada por: Nando Reis. Composta por: Nando Reis. Produzida por: Nando Reis, Carlo Bartolini. Fonte: Universal Music Ltda., Infernal Produções, Warner Chappell Music.

Sampa. Interpretada por: Caetano Veloso. Composta por: Caetano Veloso. Produzida por: Caetano Veloso. Fonte: Universal Music Ltda., Warner Chappell Music.

De quem é a culpa? Interpretada por: Marília Mendonça. Composta por: Marília Mendonça e Juliano Tchula. Fonte: Som Livre.

Eu te amo. Interpretada por: Chico Buarque. Composta por: Antônio Carlos Jobim, Chico Buarque. Produzida por: Vinicius França, Luiz Claudio Ramos. Fonte: RCA Records Label.

Ideologia. Interpretada por: Cazuza. Composta por: Cazuza, Roberto Frejat. Produzida por: Marcia Alvarez, Ezequiel Neves, Nilo Romero. Fonte: Universal Music Ltda.

O nosso amor a gente inventa. Interpretada por: Cazuza. Composta por: Cazuza, Reboucas, Rogerio Meanda. Produzida por: Ezequiel Neves, Jorge "Gordo" Guimaraes. Fonte: Universal Music Ltda.

Aquele 1%. Interpretada por: Marcos & Belutti. Composta por: Benicio, Vinicius Poeta. Fonte: Sony Music Entertainment.

› SOBRE A AUTORA

ANA SUY é psicanalista, professora, escritora e pesquisadora. Autora de *Amor, desejo e psicanálise*, *Não pise no meu vazio*, *As cabanas que o amor faz em nós*, *A corda que sai do útero*, coautora de *O infamiliar na contemporaneidade: o que faz família hoje?*, organizadora de *Como amam as crianças? – Sobre psicanálise e amor*, e autora do fenômeno *A gente mira no amor e acerta na solidão*, publicado em Portugal, México e em toda a América Latina. Idealizadora do Lendo Freud Hoje e do Clube de Palavras, onde coordena grupos de estudos em psicanálise.

SAIBA MAIS

instagram.com/ana_suy

› LEIA TAMBÉM

ANA SUY
NÃO PISE
NO MEU
VAZIO
Ou o livro
do vazio
Planeta

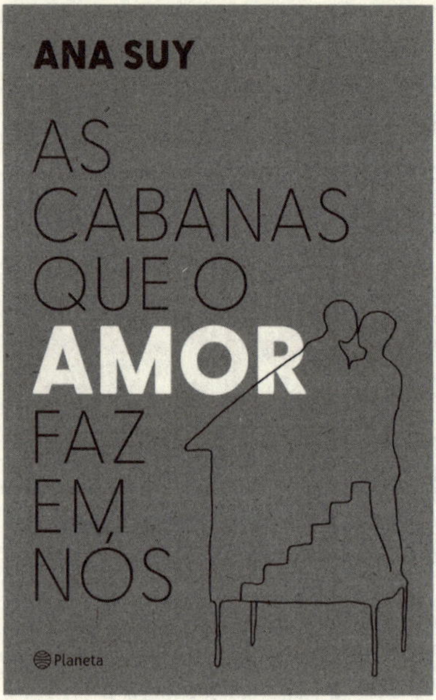
ANA SUY
AS CABANAS QUE O AMOR FAZ EM NÓS
Planeta

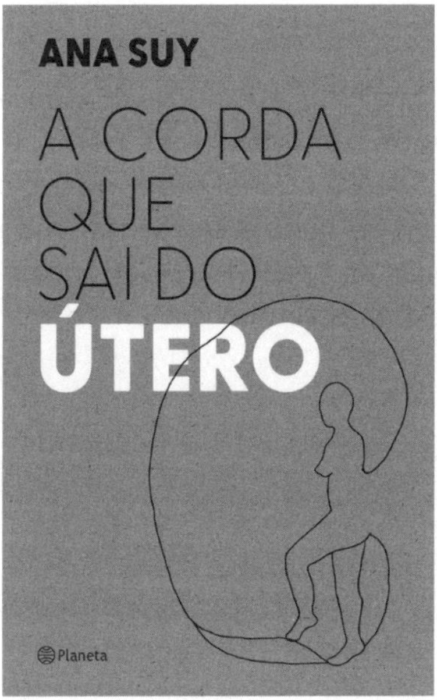
ANA SUY
A CORDA
QUE
SAI DO
ÚTERO
Planeta

O livro da Ana Suy é uma delícia para pensar sobre o amor e a solidão. Você pode se interessar por psicanálise ou mal saber quem foi Freud: tenha certeza de que vai aumentar seu repertório e repensar as próprias experiências a partir destas reflexões estimulantes em forma de conversa boa!

LILIANE PRATA,
escritora

Ana Suy me faz mirar a escuta para a psicanalista e receber poesia. Eu desejo que você deseje, e muito, se identificar na ambivalência entre o que mira e o que acerta ao longo deste livro. As palavras de Ana vão parecer falar de suas pétalas e no final você terá que se haver com alguns espinhos. Não tema, siga a leitura: é assim mesmo que você vai entender definitivamente que ela e seu livro só veem flores em você.

ALEXANDRE COIMBRA AMARAL,
psicólogo e escritor

Acreditamos nos livros

Este livro foi composto em FreightText Pro e impresso pela Geográfica para a Editora Planeta do Brasil em fevereiro de 2025.